현대 고려인 인물 연구 7

강제이주 된 터전에서 2 : 우즈베키스탄

지은이   **한 발레리**

우즈베키스탄 타시켄트국립교육대학 사회학과 학과장
러시아 모스크바국립대학교 철학 박사
우즈베키스탄 고려인을 연구 중이다.

옮긴이   **홍웅호**

동국대학교 대외교류연구원 연구교수
러시아 모스크바국립대학교 역사학 박사
러시아역사와 한러관계사, 고려인 역사를 연구 중이다.

현대 고려인 인물 연구 7
강제이주 된 터전에서 2 : 우즈베키스탄

초판 1쇄 인쇄 2022년 2월 18일
초판 1쇄 발행 2022년 2월 25일

지은이	한 발레리
옮긴이	홍웅호
펴낸이	윤관백
펴낸곳	동선출판 **선인**
등 록	제5-77호(1998.11.4)
주 소	서울시 양천구 남부순환로48길 1(신월동163-1) 1층
전 화	02)718-6252/6257
팩 스	02)718-6253
E-mail	sunin72@chol.com

정가 30,000원
ISBN 979-11-6068-683-8 94900
ISBN 979-11-6068-676-0 (세트)

이 저서는 2016년도 대한민국 교육부와 한국학중앙연구원(한국학진흥사업단)의
해외한인연구사업의 지원을 받아 수행된 연구임(AKS-2016-SRK-1230003)

동국대학교 대외교류연구원 연구총서 14
동국대학교 인간과미래연구소 연구총서 12

현대 고려인 인물 연구 7

강제이주 된 터전에서 2 : 우즈베키스탄

한 발레리 지음 ∣ 홍웅호 옮김

 도서출판 선인

간행사

　'현대 고려인 인물 연구'는 2016년 한국학중앙연구원의 '한국학 특정 분야 기획연구 해외한인연구' 과제로 선정되어 3년 동안 러시아와 중앙아시아 각국의 한인들이 "현재 어디에서 어떻게 살고 있는가"를 종합적으로 살펴본 결과물이다.

　160여 년 전 궁핍과 지방 관료의 탐학을 피해 두만강 너머 러시아 연해주로 이주한 한인들의 후손인 고려인들은 지금 4, 5세대를 넘어 6, 7세대까지 이어지고 있다. 첫 이주 당시 13가구 40여 명으로 출발했던 고려인 디아스포라는 현재 50만여 명을 헤아리고 있다.

　구소련 시기 소비에트 공민으로 독자적 정체성을 형성해 왔던 고려인 사회는 1991년 소련의 해체로 인해 대격변을 맞이했다. 소련은 해체되어 15개의 공화국으로 분리되었고 예전의 소련 공민들은 러시아 국민으로, 카자흐스탄 국민으로, 우즈베키스탄 국민 등으로 나뉘어졌다. 사회주의 사회에서 자본주의 사회로 변화하는 과정에서 이전의 생활환경이 송두리째 변화했다. 고려인들은 독립된 국가와 새로운 사회에 적응해야만 했다. 급격한 이주가 뒤따라왔다. 이전까지 자신들의 터전이라고 생각해왔던 집단농장과 도시의 직장을 뒤로 한 채 새로운 삶의 터전을 찾아 떠나기 시작했다.

모두가 고통스러운 시기였다. 구소련의 맏형이었던 러시아는 곧 모라토리움을 선언하고 기나긴 경제 침체로 접어들었고, 독립한 중앙아시아 국가들에서는 민족주의가 기승을 부리기 시작했다. 원래 그 땅의 주인이 아니었던 고려인들에게는 더욱더 고통스러운 시기였다. 냉전은 끝났지만 냉전의 그늘이 아직 드리워져 있어 역사적 고국으로부터의 충분한 도움도 기대하기 힘들었다.

하지만 변화와 고통은 누군가에게는 기회이기도 했다. 더구나 고려인들은 강제이주라는 극한의 고통을 슬기롭게 극복해낸 경험이 있었다. 시간이 흐르면서 러시아와 중앙아시아 각국의 고려인들은 서서히 자리를 잡아가며 그 국가와 사회의 각 분야에서 두각을 나타내기 시작했다. 정계에 입문하거나 관계에 자리를 잡기도 하고, 자본주의 사회에 적응하며 뛰어난 수완으로 괄목할 만한 경제적 성과를 이룩하기도 했다. 문화, 예술 분야에서 두드러진 성과를 내기도 하고, 올림픽과 세계선수권대회에서 메달을 획득하기도 했다. 구소련 시기에 이어 학계에서도 존경받는 학자들이 배출되었다. 이들은 각지에서 고려인협회 또는 고려인민족문화자치회 등을 조직하여 러시아와 중앙아시아 각국의 소수민족으로서 정체성을 확립해가고 있다.

이 학술총서는 오늘날 러시아와 중앙아시아 각국에서 두각을 나타내고 있고, 소수민족으로서 고려인 사회를 이끌어가고 있는 이들이 누구이며, 어디에서 어떻게 활동하고 있고, 그들의 미래는 어떠할 지를 연구한 결과물이다.

고려인들의 현재 모습을 종합적으로 연구하기 위해 지역적 특성과 세대적 특성으로 구분하는 연구방법을 동원했다.

지역은 다음과 같이 크게 8개로 나누었다.

① 러시아의 중심 - 모스크바와 유럽 러시아, ② 고려인의 고향 - 러시아 극동 연해주, ③ 중앙아시아로부터의 탈출구 - 시베리아 일대, ④ 새로운 삶을 찾아서 - 남부 러시아, ⑤ 강제동원의 땅 - 사할린, ⑥ 강제이주 된 터전에서 1 - 카자흐스탄, ⑦ 강제이주 된 터전에서 2 - 우즈베키스탄, ⑧ 재이산 - 대한민국과 유럽, 미주의 고려인.

세대는 다음과 같이 3세대로 나누었다.
① 은퇴한 원로들 - 선배세대, ② 왕성한 활동 - 기성세대, ③ 고려인의 미래 - 신진세대.

위와 같은 연구방법을 통해 3년 동안 연구한 결과물을 지역별로 1권씩 총 8권의 학술총서를 저술했다. 러시아로 작성된 총 7권의 학술총서는 고려인 디아스포라에 관심이 있는 연구자, 일반대중, 관련 기관들이 그 내용을 쉽게 이해할 수 있도록 한글로 번역했다.

총 8권의 학술총서는 동일한 연구방법과 서술체계를 갖추고자 했지만 지역적 특성의 차이, 고려인들의 지역별 분포의 차이, 공동연구원들의 서술 경향 등에 따라 각각 공통된 형식과 내용을 가지면서도 차별성도 가지고 있다.

본 사업단은 학술총서를 통해 고려인들의 정체성에 대한 이해를 높이고, 한국인과 고려인들의 상호관계를 정립하는데 기여하고, 더 나아가 한국과 러시아 및 중앙아시아 각국 관계의 미래에 기여하고자 했다. 그래서 본 사업단은 고려인과 관련하여 보다 많은 내용들을 조사하고 정리하여 서술하고자 했다.

그러나 러시아와 중앙아시아에 널리 분포되어 있으며, 끊임없이 유동하는 고려인 인물들을 객관적이면서 종합적으로 조사하고, 이를 총서로 작성하기에는 많은 한계가 있었다.

　나름의 성과와 기여에도 불구하고 내용의 부족, 자료의 부정확, 번역의 오류 등 학술총서의 문제점은 본 사업단, 특히 연구책임자의 책임이다. 이에 대한 질정은 앞으로 고려인 연구에 더 매진하라는 애정 어린 채찍질로 여기고 겸허히 받아들이고 한다.

2022년 2월
연구책임자

목차

1부

소비에트 시기 우즈베키스탄의 고려인들 : 시간과 사람

서론

    우즈베키스탄을 포함한 소비에트 고려인들의 뛰어난 업적은 아직은 덜 연구되어 있지만 한인들의 디아스포라 역사에서 명백한 현상이다. 1937년 강제 이주 결과 고려인들의 권한이 제한되었음은 잘 알려진 사실이다. 고려인들은 중앙아시아에 뿌리를 둔 민족은 아니었다. 그들은 최근에 도착한 이민자로서, 중앙아시아 지역 대부분의 주민들과 친숙하지 않았다. 그들 대부분은 농민들이었다. 고려인에 대한 스탈린의 정책과, '아무런 권한이 없는' 소수민족으로서의 그들의 상태를 감안할 때, 두드러진 성과를 올린 이러한 현상은 모든 제약에도 불구하고 특히 놀랍고도 감탄하지 않을 수 없다. 전 세계 한인 디아스포라 중에서 (예를 들어, 일본, 중국, 미국, 캐나다와 여타 다른 국가들) 중앙아시아에서 고려사람들이 달성한 것과 같이 자신들이 속한 국가의 사회 계층구조에서 그와 같은 높은 상태에 도달한 한인은 하나도 없다.

    소비에트시기 우즈베키스탄 고려인들은 다음과 같은 분야에서 활동했다;

    정부(장관과 차관) 각료들, 의회(소련공산당 최고 소비에트와 우즈베키스탄 공산당) 의원들, 당 기관의 지도자들;

과학아카데미 회원들, 교육 및 다양한 학문분야 지도자들(총장, 부
총장, 학장, 부학장, 학과장; 연구소의 소장과 부소장, NGO의 지도자
들);

대기업과 농업분야 기업들의 지도자들;

유명한 스포츠 선수들(세계와 유럽 챔피언 메달리스트들, 각종 세계
선수권대회 승리자들, 소련과 우즈베키스탄의 챔피언들, 국가대표팀
감독, 다양한 분야의 스포츠협회 지도자들);

국제적으로 인정받는 작가, 작곡가, 예술가, 팝 아티스트, 오페라와
발레 등의 유명인들.

그것은 스탈린 사후시기에 소비에트의 민족정책과 고려인들의 근면
성, 그리고 우즈베키스탄 사람들과의 우호적인 관계로 인해 가능했다.

제1장

우즈베키스탄의 고려인들
: 초기 이주민들(19세기 말 – 1936년)

1937년 대규모 강제이주가 진행될 때까지 중앙아시아로의 고려인 이주민은 거의 존재하지 않았다. 그럼에도 불구하고 고려인 이주는 세 단계에 걸쳐 진행되었다.

첫 번째 단계는 19세기 후반 제정러시아시기에 한인들의 자연스러운 정착과 관련되어 있다. 특히 러시아로 이민해온 고려인들은 극동에 주로 정착했다. 그러나 극소수의 한인들이 극동 지역을 벗어나 중앙아시아(스텝지역과 투르케스탄) 지역으로 이주했음을 알 수 있다. 오늘날 우즈베키스탄(카자흐스탄과 키르기즈스탄) 지역으로 이주한 한인들이 1897년 제정러시아에서 실시한 최초의 총인구통계조사에 기록되어 있다. 그들은 페르간주(Ферганская область)에 살고 있었다: 코칸드(Кокандский уезд)와 나망간(Наманганский уезд)군, 그리고 나망간시(г. Наманган)에 각각 1명의 남성; 세미레첸주(Семиреченская область): 베르넨군(Верненский уезд)에 3명의 남성과 2명의 여성이, 자르켄트군(Джаркентский уезд)에 1명의 남성과 3명의 여성이, 베른시(г. Верн, (현재 알마티(г. Алматы))와 자르켄트시(г. Джаркент)에 1명의 남성이; 시르다리야주(Сыр-Дарьинская область): 아울리에-알타시(г. Аулие-Ата, (잠블시(г. Жамбыл))와 페로프군(Перовский уезд, 현재 크즐오르다주(Кзыл-Ординская область))에 1명의 남성이, 아크몰린주(Акмолинская область)에 1명의 남성과 4명의 여성이, 또한 피시펙시(г. Пишпек, 현재 비시켁시(г. Бишкек))와 프르제발스크시(г. Пржевальск)에도 있었다. 즉 오늘날 우즈베키스탄 영토에 한인 3명이 살고 있었던 것으로 기록되어 있다.

이러한 한인들은 러시아 시민권을 지니고 있었다.

문서보관소 문헌들에 중앙아시아 한인들의 활동이 기록되어 있다. 스텝지역에서 그들은 일용노동을 했으며, 온갖 잡화와 조화, 담배 등을 판매했다. 그들 중에는 이발사와 담배와 궐연 제조, 수공업 등에 종사했다. 고려인들은 또한 세탁일도 했다.[1]

중앙아시아로의 한인들 이주의 두 번째 단계는 1904~1905년에 제정러시아와 일본 간에 발발한 전쟁(러일전쟁)과 관련되어 있다. 1904년 9월 16일 내무부(МВД)[2] 회람에는 다음과 같이 서술되어 있다; "일본에 매수당한 몇몇 한인들이 있는듯하며, 한복을 입은 일본인들이 극동에서 우리 군대가 주둔하고 있는 곳에서 정찰꾼들로 활동하고 있다. <...>" 그 회람에 근거하여 바로 그달에 5명의 중국인과 35명의 일본인, 그리고 100명의 한인들이 러시아 내부지역에서 스텝지역의 총독

---

1) Кан Г. В. Рассказы о родной истории. – Алматы, 2006. – С. 43.
2) МВД – Министерство внутренних дел.

관할 밖으로 이주 당했다.[3]

소비에트 체제가 수립된 이후에도 중앙아시아에서 한인들의 숫자는 그리 많지 않았다. 1926년에 첫 번째 실시된 전소련 총인구조사에 따르면 이 지역에 87명의 한인들이 살고 있는 것으로 기록되어 있다: 우즈베키스탄사회주의공화국에 36명, 카자흐스탄에 42명, 키르기즈스탄에 9명이었다.

이 시기에 중앙아시아에 살고 있던 한인들이 자신들의 조직을 결성하기 위한 최초의 시도가 있었다. 1921년에 투르케스탄 공화국 민족인민위원부에 한인분가가 생겨났다. 1924년 8월 26일에 투르케스탄 내무인민위원부(НКВД)[4]는 투르케스탄 공화국 한인연합의 등록을 허용했다. 거기에는 28명이 참여했다. 1926년 2월에 명단을 다시 작성할 때 그 연합 명단에 이미 33명이 등록되었다. 그러나 1926년 9월 29일에 한인연합은 우즈베키스탄사회주의공화국 내부부에 의해 폐지되었다.[5]

중앙아시아로 한인들(농민들)이 출현한 세 번째 단계는 이 지역에 과제가 부여된 1920년대 말에 있었다: 쌀 수입이 최소한으로 감소함에 따라 중앙아시아와 소련의 유럽러시아에 필요한 식량을 확보해야 했다. 어떤 벼 품종을 심을지, 어떻게 벼를 재배해야 할지를 결정해야만 했다. 다양한 품종의 재배 시도 결과 다음과 같은 결론이 내려졌다. 즉 "먼저 한국과 일본, 연해주 품종을 심을 것"과, 극동의 벼 재배 방법을 도입하기로 결정했다. 이와 관련하여 카자흐스탄 토지인민위원회의 결정으로 "한인 농업 노동 아르텔"을 구성한 220명의 한인 농민들이 공

---

3) Кан Г. В. Предыстория корейцев в Казахстане // Известия корееведения Казахстана. 1996. Вып. 1. – С. 8-9.

4) НКВД - Народный комиссариат внутренних дел.

5) Ким В. Д. Правда – полвека спустя. – Ташкент, 1999. – С. 12-24.

1부 | 소비에트 시기 우즈베키스탄의 고려인들 : 시간과 사람   **19**

화국으로 이주했다.[6]

1925년에 15명이 우즈베키스탄으로 이주해 와서 농업 노동 아르텔 "일심"을 조직했다. 1929년 가을에 우즈베키스탄 토지인민위원회는 극동의 토지국에게 대략 80~100명의 농민으로 구성된 3~4개의 아르텔을 우즈베키스탄으로 보내줄 것을 요청했다. 그러나 공화국 이주국의 계획 축소와 1930년 이주에 제공될 준비자금의 축소로 우즈베키스탄 정부는 고려인 농민의 이주를 거절했다.[7]

6) Кан Г. В. История корейцев Казахстана. – Алматы, 1995. – C. 30-39.
7) Пак Б. Д. Корейцы в Советской России (1917 – конец 30-х годов). – Иркутск, 1995. – C. 212.

제2장
소비에트시기 우즈베키스탄 고려인들
(1937 - 1990년)

1. 1937년 강제이주와 새로운 조국에서 건설

　문서보관소 기록에 따르면 16,307가족(74,500명)이 우즈베키스탄으로 강제이주 당했다.

1) 고려인 이주 현황

　공식적으로 고려인들은 행정적인 퇴거로 간주되었다. 고려인들이 정착하는데 있어 다음과 같은 요구 사항이 충족되어야 했다: 국경지역에 정착 금지, 철도 연변에서 떨어질 것, 그리고 집단별로 이주.[1]

　고려인들이 행정적으로 퇴거되었음에도 불구하고, 1945년 1월 8일

---

[1]　Кан Г. В. История корейцев Казахстана. – Алматы, 1995. – C. 116.

자 소련공산당 민족인민위원회(CHK)[2]의 특별이주민의 자유로운 이동을 제한하고, 강제적인 노동을 강요하는 "특별이주민의 법적 지위에 대하여"의 결정이 고려인들에게 적용되었다. 1945년 7월 2일자 칙령에 따라 고려인들은 이제 공식적으로 특별이주민으로 등록되었다.

1941년까지 고려인들은 이주 지역 밖에서 거주하는 것이 허용되지 않았다. 만약 다른 주나 지역으로 이동은 내무인민위원부의 지국에서 허가증이 발급되어야 가능했다. 거기에는 어느 특정한 지역에 체류할 시간이 명시되어 있었다. 또한 명령서는 해당 지역에 도착하면 내무인민위원부 지국에 신고해야 했다. 1941년부터 고려인들이 해당 공화국 전역에서 거주하는 것이 허용되었고, 1953년부터, 즉 스탈린이 사망하고 소련공산당 20차 당대회 이후 소련 전역에서의 거주가 허용되었다.

2) 고려인 집단농장 건설

우즈베키스탄에서 1938년 11월 15일 현재, 48개의 자발적인 고려인 집단농장(콜호즈)(5,301명)이 생겨났다. 5,145명은 211개의 지역 콜호즈와 솝호즈에 포함되었다. 고려인들은 여러 지역에 흩어졌다: 타시켄트주(Ташкентская область)(6,667명), 사마르칸드주(Самаркандская область)(1,194명), 페르간주(1,130); 호레즘주(Хорезмская область)(846명), 부하라주(Бухарская область)(16명), 그리고 카라칼팍 자치공화국(Каракалпакская АССР)(1,203명).[3]

1938년 4월에 우즈베키스탄에는 723명, 11개의 고려인 어업콜호즈

---

2) CHK – Совет Народных Комиссаров.
3) Ким П. Г. Корейцы Республики Узбекистан. – Ташкент, 1993. – C. 170.

가 있었다.[4] 우즈베키스탄에 도착한 이후 일련의 어업콜호즈들은 정체를 바꾸어 농업 아르텔로 규정을 바꾸기로 경정했다. 몇 개의 어업 콜호즈는 통합되었다. 1939년 1월에 우즈베키스탄에는 4개의 어업 콜호즈가 남게 되었다: "어업생산«Рыболовецкие промыслы»"(40가족), "레닌-얍«Ленин-Яб»"(37가족), "코민테른«имени Коминтерна»"(170가족), 그리고 "극동사람«Дальневосточник»"(68가족).[5]

고려인 콜호즈의 수와 위치가 바뀌었다. 즉, 1941년 10월에 타시켄트 주 악쿠르간(Аккурган) 지역에 "유스포프"라는 이름의 새로운 고려인 콜호즈가 만들어졌다.[6] 1949년에 같은 주에서 주로 고려인들로 구성된 새로운 콜호즈들이 형성되었다: "스탈린의 길(푸티 스탈리나, Путь Сталина)", "극동(달니 보스토크, Дальний Восток)", "승리(포베다, Победа)", "선봉(아방가르드, Авангард)"과 기타.

3) 주택건설 조직들

강제이주 이후 새로운 지역에서 가장 중요한 문제는 주택문제였다. 고려인들이 도착했을 때 오직 2,500가족 16,307명을 위한 거주기가 마련되어 있을 뿐이었다.

정상적인 가옥 건설은 시간을 필요로 했다. 그런데 추위가 주택 건설을 가로막았다. 그래서 정상적인 가옥 건설이 1938년 봄까지 지연되

---

4) ЦГА РУз. Фонд 837, опись 32, дело 1230,л.107.

5) Рахманкулова А. Х. Из истории корейских переселенческих колхозов в Узбекистане (на основе документов архивов Узбекистана) // Известия корееведения в Центральной Азии. Вып. 3. – Алматы, 2005. – С. 76-77.

6) ГАТО. Фонд 652, опись 1, дело 483,л.18.

었다. 그래서 임시 대피소(유르트, 오두막, 막사)와 기존 시설의 보수 공사에 온 힘을 기울였다. 그러나 고려인들에게 묵을 만한 주택은 어찌됐던 더 늘어났다. 1938년에 우즈베키스탄 전역에서 3,356 고려인 가족에게만 주택이 제공되었다면 1939년에는 4,918 가족으로 늘어났다.[7] 우즈베키스탄 민족인민위원회와 우즈베키스탄 공산당 중앙집행위원회의 1938년 9월 3일 결의에 의하면 공화국에서 거의 1년 동안의 고려인들의 체류 결과는 다음과 같다: "주택 건설이 3.1%, 학교 건설이 15.4% 완료되었고, 문화 시설과 목욕시설은 건설이 시작되지 않았다." 심지어 1940년 봄 까지도 주택 건설은 완료되지 못했다.

모두가 일손을 거들면서 하는 건설은 종종 기술적인 규정을 위반하기도 했다. 그 결과 지어진 집들이 곧바로 무너지곤 했다. 때때로 고려인들의 주택 건설을 위해 제공된 건축 자제와 기술, 노동력이 불법적으로 여타 다른 시설에 이용되기도 했다. 종종 고려인들의 주택 건설을 위한 건축 자제들이 소실되거나 또는 다른 목적으로 사용되기도 했다. 건축을 위한 목재들이 부적합한(썩은) 경우가 종종 있었다. 몇몇 임시 가건물이 새로운 주택 건설이 완료된 1940년 말에 이르기까지 고려인 이주민들을 위한 주택으로 활용되었다.

4) 의료 서비스

고려인들이 강제이주된 지역에서의 기존의 의료 시설들은 턱없이 부족했다. 고려인들은 유르트와 클럽, 축사, 농장, 마구간, 창고 방, 토굴 등에 분산되었다. 그것들은 가을에서 겨울 동안 추위로부터 사람들을

---

7) Рахманкулова А. Х. Из истории корейских переселенческих колхозов в Узбекистане··· – С. 84.

보호해주지 못했다. 그래서 코칸드 지역 "새벽별(우트렌나야 즈뵤즈다, Утренняя звезда)"과 "새로운 길(노브이 푸티, Новый путь)" 집단 농장의 고려인들은 집단 기숙사와 버려진 농가의 다 쓰러진 집에 배치 되었다. 거기에는 천장도, 창문도, 문도, 바닥도 없었다.[8]

많은 곳에서 위생 소독이 이루어지지 않았다. 그래서 페르간주에 있는 솝호즈의 고려인들은 화학비료를 저장하는 창고에 배치되었고, 아이들은 유해한 냄새 때문에 병에 걸렸다. 그런데 하-치르칙 지역(Нижне-Чирчикский район)의 고려인들은 심지어 말똥도 치우지 않은 마구간에서 살았다.[9]

가끔은 한 사람당 0.5에서 2제곱미터 정도 되는 비좁은 곳에서 지냈다. 그래서 잘랼쿠둑 지역(Джалял-Кудукский район)의 목화 공장에서는 22명의 사람들이 방 두 칸짜리 아파트에서 살기도 했다. 이 아파트를 조사한 감독관은 모두가 맨 바닥에 심지어 사람들 사이를 지나다니지도 못할 곳에서 자고 있다고 썼다.[10]

영양부족과 불결한 위생 시설 때문에 이주민들 사이에서 괴혈병, 장티푸스, 디프테리아, 이질, 홍역, 말라리아, 브루셀라 병과 여타 다른 질병들이 나타나기 시작했다. 많은 고려인 가족에서 환자 수는 40~50%에 달했다. 그래서 이주국은 다음과 같이 기록하고 있다. "모든 고려인 집단농장에 많은 수의 환자들이 있다(설사, 안과 질환, 말라리아). 고려인들에게 의료 혜택은 아주 불충분하고 전혀 만족스럽지 못하다. <...> 몇몇 집단농장들에 보건소들이 있지만 중요한 것은 전혀 의료지식이 없는 간호사들만 있다는 것이다.

---

8) Ким П. Г. Корейцы Республики Узбекистан. – С. 41.
9) Ким В. Д. Правда – полвека спустя. – С. 73, 149.
10) Ким П. Г. Корейцы Республики Узбекистан. – С. 110.

몇몇 집단농장들의 경우 가장 가까운 보건소가 40~50킬로미터 떨어져 있었다. 그들은 의료인으로부터 아무런 치료를 받지 못하며, 자결을 갖춘 의사로부터 실질적인 도움을 받지 못하고 있다.

꼭 필요한 의약품이 충분하지 않아 집단농장들에서 그 어떤 보건 교육이 이루어지지 않고 있다."[11]

"새로운 삶(노바야 지즌, Новая жизнь)", "노동당원(트루도비크, Трудовик)", 그리고 "부덴노보(<Буденного)" 집단농장과 제10호 숍호즈에서 갑작스럽게 831건의 말라리아가 보고되었다. 파스트다르곰 지역(Пастдаргомский район) 콜호즈들의 조사에 따르면, 말라리아와 설사, 홍역 때문에 "볼셰비크(Большевик)" 콜호즈에서 6명의 성인과 15명의 아이들이 사망했고, "붉은 십월(크라스느이 옥짜브리, Красный Октябрь)" 집단농장에서 28명의 아이들이, "근로자(트루제니크, Труженик)" 집단농장에서 4명의 성인과 10명의 아이들이 사망했다. 1938년 12월 동안 하-치르칙과 중-치르칙 파스트다르곰 등 세 지역에서 300명의 아이들이 홍역에 걸렸고 그중에 80명이 사망했다.[12] 1938년 8월에 베고바트 지역에 있는 10개의 집단농장에서 이주 고려인의 50%가 병에 걸렸다.[13]

많은 사람들이 병에 걸린 원인 중의 하나는 방역이 제대로 안된 곳에 이주민들의 일부가 살았기 때문이었다. 파스트다르곰 지역의 조사 보고에 따르면, 음식이 부족했고, "물이 소독되어 있지 않을 뿐만 아니라 물이 몇 개월 동안 집에 보관되어 있어서 썩고, 구더기가 생기기 시작했다. 다른 물이 없어서 집단농장 사람들은 그 물을 마실 수밖에 없

---

11) Цит. по: Ким П. Г. Указ. соч. – С. 58.
12) Ким П. Г. Указ. соч. – С. 59-60; Ким В. Д. Указ. соч. – С. 114.
13) ЦГА РУз. Фонд 90, опись 2, дело 123, л.9об.

었다. 그것 때문에 병에 걸렸다. 깨끗한 물은 4~5킬로미터 떨어져 있지만 그 물을 길러올 아무런 수단도 없었다."[14]

여러 질병들을 방지하기 위해서는 목욕시설이 매우 중요했다. 이주 고려인들이 정착한 많은 곳에 목욕시설이 없었다.

1937년 12월 기록에 따르면, 중-치르칙 지역에 5개의 목욕시설이, 하-치르칙에 1개, 파스트다르곰 지역에 3개, 구를렌(Гурлен) 지역에 6개의 시설이 있었다. 당연히 이 정도의 목욕탕 개수는 턱없이 부족했다. 그래서 이주 고려인들의 지역에서는 이동식 목욕시설이 운영되기 시작했다.[15]

1937년 10월과 11월경에 고려인 이주민들을 위해 65개의 환자를 위한 침대, 세 군데의 의사 진료소와 아홉 군데의 간호소가 설치되었다.[16] 1938년에 고려인 이주민들을 위해 95개의 병상을 가진 5개의 병원과 4곳의 의사 진료소, 10곳의 간호소가 만들어졌다. 거기에서는 10명의 의사와 28명의 간호사가 상시적으로 진료를 수행했다.[17] 그러나 7만 명이 넘는 사람을 진료하기에는 매우 부족했다.

어찌됐던 점진적으로 고려인 이주민들이 의료혜택을 받기 시작했다. 1937년과 1938년 상반기에 고려인 이주민들에게 천연두 예방접종을 실시했다. 2~3회 간단히 위생 처리를 했고, 말라리아에 안전하지 않은 지역을 소독했으며, 이질에 걸릴 확률이 높은 지역에서는 예방접종을 실시했다.

---

14) Цит. по: Ким В. Д. Правда – полвека спустя. – С. 115.
15) Ким П. Г. Корейцы Республики Узбекистан. – С. 62.
16) ЦГА РУз. Фонд 837, опись 32, дело 593,л.11.
17) ЦГА РУз. Фонд Р-837, опись 32, дело 1224,л.22.

5) 극동에서 제공한 재산에 대한 지불과 식량 대부 및 신용의 제공

고려인들은 이주하면서 국가에 가축과 장비, 곡물, 씨앗 기금, 건축 자재 등등을 이관했다. 고려인들의 강제이주에 대한 법령에 따르면 국가는 "동산과 부동산, 작물에 대한 비용을 이주민들에게 보상"하기로 약속했다. 그러나 결정을 이행해야할 곳에서의 이행은 완전한 형태로 이루어지지 않았고, 몇 년을 끌었다.

약간의 재정 비용과 제품을 제공받은 고려인들은 중앙아시아에 도착하는 즉시 제공한 농작물과 가축, 재산에 대한 보상을 받을 것으로 예상했다. 그러나 보상은 부분적으로 그리고 오직 곡물에 대해서만 1938년 1월부터 시작되었다. 가축과 관련하여 1938년 1월 10일 현재 어떤 집단농장도, 어떤 집단농장의 농민도 받지 못했다.[18]

1938년 2월 20일자 소련공산당 정부의 결정에 따라 늦어도 1938년 3월 15일까지는 이주민들이 제공한 곡물에 대한 전체 비용을 지불하도록 했다. 그러나 가축에 대한 지불 결정은 없었다.

이주한 첫 번째 달에 고위 지도자들 조차도 국가의 보상에 대한 약속과 더 나아가 상환해야할 자료도 알지 못했다. 그래서 카라칼팍 자치공화국(Каракалпакская АССР) 정부의 의장은 당황해서 우즈베키스탄 정부의 의장에게 다음과 같이 썼다: "집단농장과 어업협동조합 아르텔에 도착한 사람들이 그들이 살던 곳에서 제출한 문서들을 제공합니다: 그들에게 보상해야할 노동 가축, 농기구, 식량, 곡물 및 기타 작물로 아

---

18) Ким В. Д. Правда – полвека спустя. – С. 93.

마도 그들이 새로운 정착지에 도착하여 제공받아야 할 것들입니다."[19]

보상 문제는 고려인 집단농장들과 다양한 수준의 조직들 사이에서 엄청난 문서를 양산했다. 편지들은 우즈베키스탄에서 모스크바와 극동으로 전달되었고, 중앙아시아로 돌아왔다. 해결이 지체되는 것에 지친 당국은 고려인들에게 재판에 회부할 것을 권고했다.

그 결과 상당히 많은 고려인들이 현금이나 현물 형태의 약속된 보상금을 받았다. 그래서 1938년 12월경에 우즈베키스탄의 고려인들의 경우 80% 정도의 수확량을 보상받았다. 여타 곡물들은 90% 정도 보상받았다. 가축은 73% 정도 보상받았다.[20]

그러나 비정상적인 형태의 영수증을 가지고 있던 사람들은 아무런 보상도 받지 못했다. 보상금 지급에 대한 문제를 둘러싼 서신교환은 1941년 중반까지, 즉 대조국방어전쟁이 발발할 때까지 지속되었다. 전쟁이 발발하자 그 문제는 완전히 중단되었다.

식량 대부를 한 고려인들에게 1938년부터 보상이 시작되었다. 1938년 7월에 계획된 3천 톤 중에서 2,997톤의 식량이 고려인들에게 제공되었다. 이에 반하여 2,383톤의 의복(наряд)이 제공되었다.[21] 그러나 1938년 8월 이전과 이후로 한 가족당 대부의 양이 달라졌다. 그래서 안디잔 주에서 고려인 농민들은 먼저 한 가족당 8쩬트네르의 대부를 받았다.[22] 다른 농민들은 가족당 2~3쩬트네르를 받았다. 1938년 8월에 새로운 배포 목록이 승인되었다. 가족의 수와 그들의 상태에 따라 이루어지던 대부(배급)은 그러나 1가족당 1쩬트네르를 넘지 않게 되었다.

---

19) Там же. – С. 37.
20) Ким П. Г. Корейцы Республики Узбекистан. – С. 51.
21) Ким В. Д. Правда – полвека спустя. – С. 210.
22) ЦГА РУз. Фонд Р-90, опись 2, дело 123, л.48.

이주민들의 생산 건설을 위해 정부는 복구에 부족한 대출을 할당했다. 1937년 9월부터 1940년 1월까지 고려인들의 건설에 1천 9백 13만 7천 6백루블의 대출이 이루어졌다(주택과 선박, 농기구, 집단농장으로의 물 공급(수로), 농가축 등등).[23]

초기부터 모든 이주민들에게 대부와 신용대출이 이루어졌다. 그러나 몇몇 고려인들은 모스크바에 다음과 같이 썼다. 즉 체포되어 구금된 사람들의 가족도 국가로부터의 도움을 받아야하는데, 그들은 "사회주의 건설의 적의 가족이라는 이유로 도움이 거부되었다." 이 이후 우즈베키스탄 민족인민위원회는 1938년 3월 15일 다음과 같이 결의했다. 즉 우즈베키스탄 민족인민위원회의 특별한 허가없이 체포되거나 구금된 사람이나 가족에게 식량배급과 신용대출을 금지한다.

6) 노동과 생산활동

대부분의 이주 고려인들은 농업 노동에 종사했다. 강제이주와 정착의 특성상 많은 고려인들, 어업 종사자들, 광물 채취자들, 지적인 기술적인 여타 수단을 가진 사람들은 직능에 따른 일자리를 찾을 수 없었다. 그래서 그들은 집단농장과 솝호즈를 떠나기 시작했다. 1938년 3월에 곡물 형태의 최초의 선불금이 오직 집단농장원들에게만 제공된 것이 가장 중요한 원인이었다.[24]

---

23) Рахманкулова А. Х. Документы Центрального Государственного архива Республики Узбекистан по истории депортации народов в Узбекистан в 1930-е годы (на примере корейцев) // Известия корееведения Казахстана. Вып. 8. – Алматы, 2001. – С. 83.

24) Ким П. Г. О корейской диаспоре Узбекистана // «Известия корееведения Казахстана». Вып. 6, Алматы, 1999. – С. 48.

고려인 집단농장들은 2년 동안 반드시 공급해야할 곡물과 해바라기, 감자, 고기 유제품, 양모, 기름등의 제공뿐만 아니라 콩과 아마, 야채 등을 국가로부터 반드시 매수해야할 의무에서 면제되었다.

이주가 가을부터 다음해 봄까지 진행되었기 때문에 고려인들은 씨앗을 뿌릴 수 없었다. 우즈베키스탄에서 먼저 독자적인 고려인 집단농장에 14,050헥타르[25]의 토지를 제공했고, 그중에 7,823.6헥타르의 토지는 봄에 파종하고 경작하기에 좋은 곳이었다. 나머지 토지는 다음해 경작할 곳으로 남겨두었다. 사실상 1938년에 경작지로 10,488헥타르가 이용되었다. 나중에 모든 고려인 집단농장들에 텃밭을 포함하여 토지의 규모가 증가하여 할당되었다. 그래서 30,448헥타르가 되었는데 그중 29,879헥타르가 독자적인 고려인 집단농장이었다.[26]

고려인 집단농장에 제공된 토지는 동일하지 않았다. 타시켄트주에서 토지 제공은 하나의 집단농장이 2.29에서 7.44헥타르까지 다양했다. 페르간주에서는 1.98에서 6헥타르, 사마르칸드주에서는 3.46에서 6.3헥타르, 호레즘주에서는 2.04에서 5.27헥타르, 카라칼팍 자치공화국에서는 4.53에서 8.86헥타르까지 다양했다.[27] 각각의 집단농장에 제공된 텃밭도 0.16에서 0.3헥타르까지 다양했다.

모든 집단농장에 종자 자금이 제공되었다. 그러나 배달에 교통수단이 모두 제공되는 것은 아니었다. "켈레프(Келеф)" 이주민 집단 농장을 위한 종자 배달에 관한 보고서에 따르면, "이동 수단이 없는 고려인들이 자신들의 어깨로 30킬로그램을 10킬로미터 져서 옮기고 있다."[28]

---

25) В дальнейшем – га.

26) Ким П. Г. О корейской диаспоре Узбекистана... – С. 43.

27) Рахманкулова А. Х. Из истории корейских переселенческих колхозов в Узбекистане... – С. 77.

28) Цит. по: Ким В. Д. Правда – полвека спустя. – С. 115.

때로는 어떠한 생산도 수행할 수 없는 곳에 이주민들이 정착하기도 했다. 어떤 집단농장들은 관개시설도 식수도 제공되지 않았다. 종종 이주민들은 그들이 어느 때도 할 수 없는 일들을 하도록 강요받았다.

1938~1939년에 주로 벼를 재배하는 칼리닌 지역(Калининский район)의 "스베르들로프(Свердлов)" 집단농장의 활동 경험이 시사하는 바가 있다. 이 집단농장은 채소재배 계획을 달성하지 못해서 1938년에 17%를, 1939년에 28%를 달성했다. 그런데 쌀 생산은 계획의 186%를 달성했다. 이와 관련하여 1940년 봄에 타시켄트주 집행위원회는 이주민들의 집단농자에 대해서 벼재배 지역으로 결정했다.[29] 똑같은 일이 "드미트로프(Дмитров)" 집단농장에서도 발생했다.[30]

벼와 함께 고려인 집단농장들은 밀과 보리 콩 등의 작물뿐만 아니라 새로운 작물인 소량의 목화도 재배하기로 계획했다. 이와 관련하여 고려인 생산활동은 면화 재배 임무를 줄이고 벼 재배를 확대할 계획을 강화했다. 그래서 파스트다르곰 지역의 레닌 아르텔 성원들의 보고서에서는 그들이 면화재배 전문가들이 아니라서, 자신들이 일에 많은 힘을 기울이지만 효과는 적고, 그래서 낮은 임금을 받는다고 썼다. 그러한 이유로 아르텔 구성원 중에서 27명이 집단농장에서 떠났다. 그래서 이주민들은 벼 재배를 200헥타르로, 목화재배는 오직 40헥타르만 하도록 허용해줄 것을 요청했다.[31]

조악한 장비와 조직 때문에 어업 콜호즈의 활동도 계획의 40~50%만을 달성했다.

---

29) ЦГА РУз. Фонд 314, опись 1, дело 26,л.75.
30) ЦГА РУз. Фонд 90, опись 8, дело 5138,л.2.
31) Рахманкулова А. Х. Из истории корейских переселенческих колхозов в Узбекистане... – C. 79.

1938~1940년에 건조한 지역인 카자흐스탄에서 관개 시설이 된 토지가 있는 우즈베키스탄과 카자흐스탄으로 고려인의 자발적 이주가 시작되었다. 우즈베키스탄에서 금지함에도 불구하고 새로운 이주민들이 정착했다. 자발적인 이주와 함께 새로운 형태의 독자적인 고려인 집단농장들이 그곳에 생겨났다: 그것들은 보나 좋은 관개 시설을 갖춘 지역의 집단농장들과 합병하기 시작했다.

카자흐스탄에 정착한 고려인들이 메마른 땅 때문에 어려움을 겪었다면 우즈베키스탄은 습지문제로 어려움에 직면했다. 보다 좋은 토지들에 목화가 재배되고 있었기 때문에 고려인들의 집단 농장의 벼 재배지는 강줄기를 따라 갈대가 자라는 늪지대였다. 그래서 "북극성(폴랴르나야 즈뵤즈다, Полярная звезда)" 집단농장의 50%에 달하는 관개 시설 토지가 갈대와 늪지에서 조성되었다.[32]

이와 관련하여 봄 파종을 준비하기 위해서는 관개 시설 작업을 수행해야만 했다. 모든 국삭 작업이 처음부터 사람의 손으로 수행되었다. 고려인 집단농장들은 계획한 작업량을 초과 달성했다. 그래서 "북쪽 등대(세베르니 마약, Северный маяк)" 집단농장은 400.7%를, "새로운 길" 집단농장은 600.5%, "북극성" 집단농장은 700%의 관개 시설 작업을 수행했다. 1938년 봄에 치르칙 강의 좌안 언덕 지역들에서 6,970헥타르, 칼리닌 지역의 담-아쉬 경계에서 597헥타르, 파스다르곰 지역 이전 스트렐코프 숍호즈 땅에서 2,000헥타르, 구를렌 지역에서 921헥타르의 관개 시설 토지가 조성되었다.[33] 그러나 이것으로는 충분치 않았다. 그래서 1938년 3월에 우즈베키스탄 공산당 중앙위원회는

---

32) Экономика передового колхоза «Полярная звезда». – Ташкент, 1954. – С. 8.

33) Ким П. Г. Указ. соч. – С. 43, 46.

기계화된 작업(굴착과 발파)을 수행하는 문제에 대한 결정을 내렸다.[34] 이러한 작업의 결과 58만 6천 세제곱미터의 토지가 늘어났고, 새로 건설되고 개조된 수로와 보와 저수지들이 22킬로미터에 달했다.[35]

중앙아시아의 기후와 토양에 익숙하지 않고, 기계와 장비에 미숙한 고려인 집단농장들의 어려운 여건에도 불구하고 고려인 농민들은 이미 첫 해에 매우 높은 수확을 달성하는 성과를 보여주었다.

소련에서 벼 재배 면적의 45%가 우즈베키스탄이었다. 그러나 고려인들이 도착하기 전까지 이 지역에서 벼 재배 계획은 없었다. 1938년 고려인 집단농장들에서의 수확의 결과는 가공 공장들이 용량 부족으로 가공을 수행하기 위해 수확물을 수용하기를 거부할 만큼 정말로 높았다. 쌀이 개인 수중으로 들어가서 시장에서 마음대로 판매될 수 있는 것을 겁낸 토지인민위원회 부위원장은 지역의 생산인민위원회에 고려인 집단농장들의 가공을 가공공장들에서 수용하도록 강요하라고 요청했다.[36]

고려인들의 높은 수확 달성은 전통적인 그들의 곡물에서 뿐만 아니라 목화에서도 나타났다. 그래서 "북극성" 집단농장은 1941년부터 목화 재배를 시작했다. 그 당시에 중-치르칙 지역 집단농장들은 1헥타르 당 평균 21.8쩬트네르의 수확을 달성했다. 고려인 농민들은 이미 첫해에 헥타르 당 38.7쩬트네르의 수확을 올렸다.[37]

1941년에 전쟁이 발발로 고려인 집단농장은 이미 점차 발이 되고 있었다. 그래서 4년 동안 "북극성" 집단농장에서는 기본적인 생산수단이 3배 증가했고, 현금 수익은 5.5배, 곡물의 총 수확량은 2.5배 증가했다.[38]

34) ЦГА РУз. Фонд 90, опись 8, дело 4466,л.2-3.

35) Ким П. Г. Указ. соч. – С. 43, 46.

36) ЦГА РУз. Фонд 90, опись 2, дело 124,л.25.

37) Экономика передового колхоза «Полярная звезда»··· – С. 12.

38) Экономика передового колхоза «Полярная звезда»··· – С. 10.

2. 제2차 세계대전 시기 고려인들

1941년 6월 22일 독일 파시스트들이 소련을 침공했다. 대조국방어전쟁이 시작되었다.

고려인들을 소련을 자신들의 조국이라고 생각하고, 전쟁인민위원회에 전선으로 보내줄 것 요청들이 밀려들기 시작했다. 이것은 고려인들의 애국심을 내무인민위원부 조직에서도 인정할 만큼 대중적 성격을 띠고 있었다. 1943년 8월 19일 소련공산당 내무인민위원부 제2국의 기록에 따르면, "고려인 젊은이들이 전쟁인민위원회에 군대에 자발적으로 입대를 청원하는 많은 청원서를 제출할 정도로 애국심이 매우 높다."[39]

그러나 거의 대부분의 고려인들은 전선에 가지 못했다.

전쟁 초기에 그들은 내무인민위원부에 등록된 다른 민족과 마찬가지로 '노동군'에 징집되었다. 고려인들의 군 입대를 금지한 스탈린 정권은 고려인들의 존엄성을 모욕했다. 앞에서 언급한 소련공산당 내무인민위원부 제국 보고서에 따르면, "붉은 군대로의 입대 거부는 당연히 많은 사람들을 절망에 빠트리고, 불만을 야기했다." 이러한 반응은 일반적인 고려인뿐만 아니라 당원-콤소몰 성원에서도 나타났다. 보고서에서도 또 다시 언급한 것처럼, "이러한 행위에 대한 불만은 고려인 민족의 공산당원과 콤소몰원들 사이에서 첨예한 수준으로 나타났다." 그래서 다음과 같이 결론을 내리고 있다: "결론적으로 이것은 고려인들의 합법적인 권리와 이해를 침해하고, 소비에트 당국과 그들 사이의 불신으로 간주되었다."

---

39) Цит. По: Пак Б. Д., Бугай Н. Н. 140 лет в России. Очерк истории российских корейцев. – М., 2004. – С. 292-293.

1) 노동군

(1) 역사적 배경

노동군으로 고려인들을 동원하는 것은 마치 군대 징집과 같이 군대의 정치위원부에서 실시했다.

이미 1940년 가을에 국방인민위원회(Народный Комиссариат Обороны)[40] 산하 최고 군사위원회는 노동자-농민-붉은 군대(Рабоче-Крестьянская Красная Армия)[41]에 호소에 대한 법령에서 터키와 일본, 고려인, 중국인과 루마니아 민족들의 징집 대대를 군대가 아닌 노동현장에 배치하는 것으로 결정을 내렸다.[42]

고려인들의 동원을 규정한 문서 중에서 가장 중요한 것은 "우즈베키스탄과 카자흐스탄, 키르기즈스탄, 타지키스탄과 투르크메니스탄에서 철도 건설과 공장에서의 생산 활동을 위한 예비군 동원에 대하여"라는 1942년 10월 14일자 국방위원회(ГОКО)[43] № 2414c 결정이었다.[44]

분명히 처음 계획은 고려인들이 살고 있는 공화국에서만 그들을 이용하는 것이었다. 그래서 결정서 제 4항에서 다음과 같이 적시되어 있었다: "우즈베키스탄과 카자흐스탄 내에서만 모든 고려인들을 활용한다."[45] 그러나 고려인들은 러시아공화국과 우크라이나에서 일했다.

고려인들은 투르케스탄-시베리아 노선 철도 건설에 동원되었다.

---

40) В дальнейшем – НКО.
41) В дальнейшем – РККА.
42) Русский архив: Великая Отечественная. Т. 13 (2-2). – М., 1997. С. 394.
43) ГОКО – Государственный Комитет Обороны.
44) РГАСПИ, фонд 644, опись 1, д.64, л. 37.
45) Там же.

1942년 12월 5일 소련공산당 국방위원회에서는 "우즈베키스탄에서 고려인 예비군 2천5백 명의 우즈베키스탄 금속 공장 건설을 위한 동원에 대하여"라는 결정을 발표했다.[46] 고려인들은 타쉬켄스에서 베쉬-아가체(Беш-Агаче) 극장 건설과, 치르칙과 하-보즈수이스크 수력발전소(Нижне-Бозсуйской ГЭС) 전기공장, 지작(Джизак) 채석장, 안그렌(Ангрен) 광산 및 시멘트 공장 건설에 동원되었다.

1943년 3월에 5,135명의 고려인들이 툴라주에 있는 모스크바 근교 석탄 분지(Подмосковный угольный бассейн) 지역으로 파견되었다.[47]

많은 고려인들이 코미자치공화국의 내무인민위원부 산하 강제노동수용소에 수용되었다.

부가이는 다음과 같은 보고서를 제시했다: "그 때 소련공산당 내무인민위원부 정보 기록에 따르면, 소련공산당 내무인민위원부의 우흐틴 강제노동수용소에 고려인 1,500명이 노동 부대원 자격으로 참여했음을 알 수 있다."[48]

고려인 노동군은 알타이(Алтай)와 스탈린그라드(Сталинград) 근교, 카잔(Казань), 레닌그라드주의 보르쿠타(Воркута) 광산, 페름(Перм)주, 우크라이나에서 일했다. 그들은 다양한 종류의 공장, 수력발전소, 자동차 도록와 철도, 요새와 문화 시설 건설에 동원되었다; 벌목장에서 나무를 베어 뗏목으로 나르고, 가축의 사료를 만들고, 채석장과, 탄광에서, 석유 시추, 목탄 생산 등의 일에 종사했다.

---

46) РГАСПИ, ф. 644, оп. 1, д. 181,л.164.

47) Бугай Н. Ф. «Совершенно секретно»: информация НКГБ Союза СССР (корейцы в рабочих колоннах и батальонах) // Пак Б. Д., Бугай Н. Ф. 140 лет в России. Очерк истории российских корейцев. – М., 2004. - С. 314.

48) Бугай Н. Ф. «Совершенно секретно»… – С. 316.

노동군은 하루에 11~12시간 일을 했다. 코미자치공화국의 우흐토-이젬(Ухто-Ижем) 노동수용소에서 전에 노동군으로 일을 했던 사람들의 증언에 따르면 그들 중 많은 사람들이 늘상 배고프고 힘든 일 때문에 생존의 위기에 직면하곤 했다. 코미 문서보관소 자료에 따르면 1944년 1월에 고려인들이 파업에 돌입했다. 주동자 7명이 체포된 후 파업이 재개되었다.[49]

(2) 인물들

◎ 허가이 세르게이 일리치
(Хегай Сергей Ильич, 1925-2014)[50]

1925년 10월 27일(서류상으로는 1926년) 극동변강주 미하일로프군(Михайловского район) 코네자보드(Конезавод) 마을에서 출생했다. 1937년 11월에 우즈베키스탄 공화국 중-치르칙군 양기 테미르(Янги Темир) 마을로 강제이주 당했다. 1939년 9월 1일에 "북극성" 집단농장으로 이주했다.

18세가 된 1943년 10월에 군에 징집되었고, 먼저 훈련을 위해 쿠이븨셰프(Куйбышев)로 이송되었고, 다음에 전선으로 갔다.

10월 중순에 18명의 사람들이 화물차로 콜호즈에서 타시켄트로 이

---

49) КРГАОПДФ (Коми республиканский архив общественно-политических движений и формирований), ф. 1, оп. 3, д. 1079,л.118.
50) 2004년 타시켄트시에서 인터뷰.

송되었다. 화물차로 이송된 약 700여 명 모두가 고려인이었다. 2~3일 지나서 쿠이븨셰프에 도착했다. 그 다음 기차로 이송되었고, 또다시 이송되었다. 코미 자치공화국(Коми АССР) 우흐트-이짐 노동수용소(Ухт-Ижимский лагерь)에 도착했다.

나는 자동차 도로 건설에 배치되었다. 강변에 통나무집들이 도열해 있었다. 우리를 커다란 건물로 데려갔다. 대략 100명이었다. 그 건물에는 통로가 있는 2층 침대가 있었다. 다른 막사들에는 포로들이 살았다. 그 지역은 경계가 쳐져 있지 않았다. 왜냐하면 그 어디로도 도망갈 수 없는 사방이 숲이었다.

나를 부대의 지휘관으로 임명했다. 도끼와 양손으로 사용하는 톱과 삽이 주어졌다. 그리고 숲으로 갔다. 숲을 베고, 그루터기를 파내고, 말뚝을 박고, 평탄하게 했다(삽으로 퍼내고 북돋았다). 그렇게 우리는 1943~1944년에 일했다. 하루에 12시간씩 일했다.

하루에 700그램의 빵-흑빵과 치즈 대용품이 제공되었다. 식당에서는 하루에 두 번 소금에 절인 배추로 만든 "쉬(스프)"와 보리나 야채죽을 줬다. 고기는 주지 않았다. 어쩌다가 감자를 줬다. 많은 사람들이 말라갔다. 2월에는 더 나빠져서 매일 300그램의 빵과 죽이 기준이 되었다. 정상적으로 일을 할 수 없는 지경으로 사람들이 약해졌기 때문에 그들은 심지어 도끼조차도 들 수 없었다. 그것을 밧줄에 묶어 등에 짊어졌다. 강한 바람 때문에 많은 사람들이 발걸음을 걸을 수 없었다.

다음에 석고 체취를 위해 채석장에서 일했다. 1944년 10월에 나를 돌을 하역하는 곳으로 보냈다. 거기에서 1945년 4월까지 일했다. 1945년 5월부터 우리를 "물(Водное)"이라는 주민들이 사는 마을로 이송했다. 거기에서 여물(자작나무 가지)을 장만했다. 그리고 나를 목탄을 제조하는 곳으로 보냈다. 곧바로 나는 더 이상 일을 하지 못하고 쓰러졌다.

일주일 동안 병원 신세를 졌다.

퇴원한 후 나를 합금 공장에 보냈다. 며칠이 지난 후 식료품 생산 공장에 보냈다. 곧이어 나는 부모님이 늙어서 그들이 더 이상 생업에 종사할 수 없다는 전화를 집으로부터 받았다.

노동군 복무를 마친 후 농업대학교를 졸업했다. "사마르칸드게오로기야(Самаркандгеология)" 기업의 예산 분과 과장과 부 매니저, 부사장을 역임했다.

◎ 우가이 철식 데미야노비치(Угай Черсик Демьянович)[51]

1926년 연해주 올긴(Ольгин)군 톨렌톤(Толентон) 마을에서 태어났다. 1937년 우즈베키스탄으로 강제이주되었다. 학교를 졸업한 후 타시켄트에 있는 관개연구소에 입학했다.

1943년 11월에 군대에 징집되었다. 모두가 기차에 태워졌다. 쿠이븨셰프(Куйбышев)에 도착했고, 다음에 고리키(Горький), 그리고 코미자치공화국 우흐타(Ухта)시에 도착했다. 86호 채굴장에 일하러 도착했다. 그곳에는 두 채의 막사와 사무용 건물이 있었다. 우리는 천연가스 매장지까지 도로를 건설했다. 먼저 타이가에서 나무들을 배어내는 벌목조가 나아갔다. 그 뒤를 토목조가 뒤따랐다. 겨울이라서 곡괭이, 쇠지렛대, 쐐기, 해머 등 모두 3킬로그램이나 되는 도구로 얼어붙은 땅을 깨부수고 파헤쳐야 했다. 하루 기준 식량과 빵은 작업

---

51) 2004년 타시켄트시에서 인터뷰.

결과에 달렸다. 기준을 100% 달성하면 550그램의 빵을, 125% 달성하면 650그램, 150% 달성하면 750그램, 기준을 미달하면 300그램의 빵을 지급했다. 그 외에도 50그램의 곡물과 3그램의 식물성 기름, 500그램의 야채가 하루에 배급되었다. 하루에 두 번 식사를 했는데 아침은 7시에 저녁은 5시였다. 아침은 빵과 200그램의 멀건 귀리죽이, 저녁은 빵과 양배추, 사탕무, 귀리죽이었다. 빵은 무겁고 겨가 섞이고 질었다. 아침마다 특별한 배급소에서 받았다. 그리고 '밥키(여자, бабки)'라 불리는 모두 60~70그램 정도의 곡물로 구운 과자가 제공되었다.

어쩌다가 어떤 물건을 바꾸어서 마구간에서 귀리를 얻을 수도 있었다. 누가 부엌에서 일하는 사람이 되는 지는 전적으로 운이었다.

사람이 제대로 서거나 걸어가지도 못하고 강한 바람에 쓰러질 정도로 쇠약해지는 경우도 있었다. 그 때 특별위원회는 증서를 작성해서 '쇠약한 사람들(доходяга)'이라 불리는 병약자 집단으로 보냈다. 1~2주일 정도 그들에게 보다 좋은 식량이 제공되고, 쉬운 일들을 시켰다. 그 이후 그들은 또다시 땅을 고르는 작업에 보내졌다.

1944년 10월에 나는 자동차를 수리하는 곳에 자동차 정비사로 보내졌다. 1945년 5월에 동원이 해제되었다.

1946년에 중앙아시아국립대학교 역사학부에 입학했다. 1951년 학교의 교장이 되었고, 1963년 기숙학교 교장이 되었다. 1967년부터 타시켄트 고급 탱크 지휘 학교에서 역사를 가르쳤다. 1968년에 박사과정에 입학했다. 1971년에 "집단농장 농민과 노동자 계급의 연대 강화에 관한 우즈베키스탄 공산당의 활동(1933~1937)"이라는 주제로 박사학위를 받았다. "우즈베키스탄 인민 교육자"(1978), "1941~1945년 대조국방어전쟁에서 용맹한 노동", "대조국방어전쟁 전승 40주년", "대조국방어전쟁 전승 50주년", "슈흐라트(Шухрат)" 등의 메달을 받았다.

◎ 장영진(옐리세이 니콜라예비치,
　Тян Ен Дин, Елисей Николаевич)[52]

극동의 수찬(Сучан)군 파브롭스크 마을에서 1917년에 태어났다. 1937년에 우즈베키스탄으로 강제이주되었다. 국가보안부(ОГПУ) 당비서와 집단농장의 부회장 일을 했다.

전쟁 발발 첫해에 노동군에서 벗어났다. 대신에 노동전선으로의 징집 모집 의장 임무를 수행했다. 1944년 말에 나는 안그렌(Ангрен)으로 파견되었는데 거기에서 고려인들이 광산과 시멘트공장에서 일하고 있었다. 그들 사이에서 정치적인 임무를 수행했다. 왜냐하면 탈영하는 등의 사건이 발생했기 때문이다. 곧이어 탈영자들을 찾기 위한 임무를 띠로 중-치르칙군으로 파송되었다. 1945년 초에 징집에서 해방되었다.

사범대학 역사학부에 입학하고, 타시켄트의 학교에서 교감으로 일했으며, 다음에 중-치르칙군에서 학교 교장으로 일했다.

1945년에 "1941~1945년 대조국방어전쟁에서 용맹한 노동"으로 메달을 받았고, 1995년에 "1941~1945년 파시즘과의 전쟁에서 승리 50주년" 기념 메달을 받았다.

---

52) 2004년 타시켄트시에서 인터뷰.

◎ 박 블라디미르 그리고리예비치
(Пак Владимир Григорьевич)[53]

1926년 8월 13일 극동변강주 보로쉴로프 군 푸찔로프카 마을에서 태어났다. 1937년 강제이주 시기에 가족이 우즈베키스탄 호레즘주에 도착했다.

1943년 11월 8일 전쟁위원회로부터 통지를 받았다. 호레즘주에서 농민들(고려인 33명)과 함께 타시켄트에 도착했다.

타시켄트에서 사마르칸드주, 나망간주, 호레즘주와 타시켄트주에서 온 사람들(1,000명)과 함께 열차에 편성되었다. 카자흐스탄 크즐-오르다 역에서 약 500명의 고려인들이 타고 있는 객차 하나가 연결되었다. 우리 모두는 전쟁학교에서 배우기 위해 가는 것으로 믿었다. 열차가 쿠이븨셰프시에 도착한 후에야 우흐타로 수송된다는 소문을 들었다. 키로프시에 도착해서 거기에서 코트라스(Котлас))까지 하루를 더 갔고, 거기에서 멀지 않는 곳에 우흐타가 있었다. 거기에서 우리는 이곳이 포로들을 위한 노동수용소라는 사실을 알았다. 타이가에 있는 막사에서 생활했다. 정말로 포로라는 것과는 달리 영내에는 모든 공공조직들, 당, 콤소몰, 노동조합 등이 있었다. 마을에서 우리는 감시도 받지 않고 민간인 옷을 입고 자유롭게 다녔다.

도로를 건설하고, 나무 그루터기를 뽑아내고, 언 땅을 다졌다. 작업은 몹시 힘들어서 사람들은 질병과 영양실조, 중노동과 불행한 사고로 죽어갔다. 숙소용 막사에 갑작스런 불이 나서 50여 명의 많은 사람들이

---

53) 리 블라디미르, 블라디미르 박 – 노동 전선 참여자. (http://koryo-saram.ru/vladimir-pak-uchastnik-trudovogo-fronta/)

죽었는데, 그중에는 고려인들도 있었다. 노동수용소 소장은 부르다코프(Бурдаков) 중장이었는데, 그는 직위가 주는 존경과 권위를 즐기곤 했다. 전쟁이 끝난 후에 노동 전선에 참여한 사람들은 요청에 따라 집으로 돌아갔다. 가정형편이 어렵다는 문서를 받은 집으로부터 받은 사람들이 먼저 돌아갔다.

두 번 시도해서 요청에 따라 블라디미르 박은 1946년 7월 20일 집으로 돌아갔다. 집에는 1966년 8월 10일 도착했다. 그해 9월에 그는 사마르칸드 농업대학에 입학했다. 그러나 1년 지나서 타시켄트 수로대학에 입학했고 1952년에 졸업했다.

60년대에 아프가니스탄 수로 건설에 수석 정비사로 일했고, 다음에 안디잔의 "이르마쉬" 공장의 건설국장으로 일했다. 이후에 그 공장의 공장장이 되었다. "명예 훈장(Знак Почёта)"이라는 훈장과 "우즈베키스탄 기술자"라는 명예 배지를 받았다.

2) 제2차세계대전 전선에서

(1) 역사적 배경

모든 고려인들, 특히 젊은이들에게 제2차 세계대전 전선에 군인으로 참여 허용이 인정되었다. 첫 번째 방법은 자신의 성을 바꾸어 군대에 입대했다. 두 번째는 전선이 있는 도시의 대학생들로 같은 반 학생들과 함께 입대하는 방법이었다. 세 번째는 군 지휘부, 지역 콤소몰과 다른 기관들에 가입하면서 합법적이든 비합법적이든 전선으로 가는 것을 모색하는 것이었다. 네 번째는 전문가로 채용되는 것이었다. 주로 러시아의 여러 도시에서 다양한 상황에서 고려인들이 군대에 입대하게

되었다. 그들은 1937년까지 촘촘한 극동에서, 그 다음에 중앙아시아로 강제이주되어 살고 있던 고려인들의 전체 집단에서 떨어져 있었기 때문에 강제이주를 당하지 않았던 사람들이었다.

(2) 인물들

◎ 안성근(Ан Сен Гын, 1912-1968)[54]

한국 황해도에서 태어났다. 1937년 강제이주 이후에 호레즘주 구르렌군에서 살았다.

1945년 2월에 노동자-농민-붉은 군대에 소집되었다. 소일전쟁에 참여했다. 극동 제1전선의 크라스키노 국경 수색부대의 정찰병이자 사수

---

54) 김 Б., "우즈베키스탄의 고려인들. 누가 있는가", 타시켄트, 1995, 15쪽; 신. Д.В., 박 Б.Д., 조 В.В., "1941~1945년 대조국방어전쟁 전선의 소비에트 고려인들", 모스크바, 2011, 58쪽.

였다. 제3등 훈장(1945년)과 "1941~1945년 대조국방어전쟁에서 독일에 대한 승리", "일본에 대한 승리" 메달과 다른 표창을 받았다. 1947년에 제대했다.

전후에 구를렌군 스탈린 집단농장의 작업조장과 농학사로 일했다. 노동훈장을 받았다.

◎ 김 알렉산드르(Ким Александр)[55]

1937년에 우즈베키스탄으로 강제이주되었다.

붉은 군대 통신원. "전쟁복무" 메달을 받았다(1944년).

◎ 김 (사드코프) 아나톨리 보리소비치 (Ким (Садыков) Анатолий Борисович)[56]

1925년 블라디보스토크에서 태어났다.

전선에 참여하기 위해 김씨 성을 우즈베키스탄 성인 사디코르로 바꾸었다. 우크라이나 제1, 제4 전선의 정찰병으로 참여했다. 프라하에서 종전을 맞았다. 3등급 훈장과 대조국전쟁 2등급 훈장, "용기(За ответу)" 메달과 체코슬라비아 공화국 메달을 받았다.

전쟁 이후에 사마르칸드주 농업기업에서 일했다.

---

55) 신. Д.В., 박 Б.Д., 조 В.В., "1941~1945년 대조국방어전쟁 전선의 소비에트 고려인들", 모스크바, 2011. 103~104쪽; 바자로프 П., "용감한 병사 알렉산드르 김// 소비에트 카라칼파키야", 1944년 6월 4일.

56) 김 Б., "우즈베키스탄의 고려인들. 누가 있는가", 타시켄트, 1995. 40쪽.

◎ 김 블라디미르 알렉세예비치(김원구)
Ким Владимир Алексеевич (Ким Вон Гу)[57]

1923년 극동의 포시에트(Посьет)군 크라스느이 마을에서 태어났다. 1937년에 우즈베키스탄으로 강제이주되었다. 부하라시 기주반(Гиждуван) 보육원 원생이었다. 음악학교를 졸업하고 브라스 밴드에서 트럼본을 연주했다.

1941년 노동자-농민-붉은 군대에 군악대의 대원으로 소집되었다. 1942년에 펜자(Пензен) 포병연대 학교 교육 과정을 졸업했다. 남서부 전선의 방공부대 젊은 호송병으로 근무했다. 스탈린그라드 전투에 참전했다. 로스토프와 하리코프, 기예프, 드로고비차, 크라코프 수복과 독일의 브레슬라우 점령 전투에 참여했다. 1945년 4월에 미군과 오데르에서의 연합에 참여했다.

제2등급 대조국방어전쟁 훈장과, "용기", "군복무", "1941~1945년 독일에 대항한 대조국방어전쟁에서 승리", "노동영웅" 메달을 받았다.

1947년에 제대했다. 전쟁 이후에 타시켄트 농업기술 대학을 졸업하고 사마르칸드주에서 기사로 일했다. 이후에 러시아로 이주했다.

◎ 김단상(Ким Дан Сан)[58]

1937년에 우즈베키스탄으로 강제이주되었다. 키모프 성을 가진 카자크인으로 부르면서 자발적으로 전선에 나아갔다. 전후에 호레즘주

---

57) 신. Д.В., 박 Б.Д., 조 В.В., "1941~1945년 대조국방어전쟁 전선의 소비에트 고려인들", 모스크바, 2011. 144~145쪽; 리 В., "전선의 군인// 러시아의 고려인들", 2009, № 114.
58) 신. Д.В., 박 Б.Д., 조 В.В., "1941~1945년 대조국방어전쟁 전선의 소비에트 고려인들", 모스크바, 2011. 155쪽; 윤 О.,"고대 호레즘 땅에서의 고려인들"// 고려일보, 1993년 4월 17일.

구를렌군 스탈린 콜호즈에서 살았다.

◎ 김동수(Ким Дон Су)[59]

1910년 프리모르주 니콜스크-우수리스크군 인두한카 마을에서 태어났다. 1937년 우즈베키스탄으로 강제이주 당했다. 1945년까지 소련 공산당(ВКП) 중-치르칙 지역 제2서기로 일했다.

1945년에 붉은군대에 징집되었다. 소련군 총참모부 제2국(정보)(2-го Главного Управления Генерального штаба Вооруженных сил СССР) 휘하에 있었다. 1945년에 행방불명되었다.

◎ 김 일랴 마카로비치(Ким Илья Макарович)[60]

1911년 르변강의 프리모르주 니콜스크-우수리스크에서 태어났다. 1937년 우즈베키스탄으로 강제이주 당했다. 사마르칸드에서 살았다.

1942년에 군대에 징집되었다. 1942년 8월에 행방불명되었다.

◎ 김 니콜라이 알렉산드로비치
(Ким Николай Александрович, 1907-1982)[61]

1907년에 이르쿠츠크주(Иркутская губерния)의 자바이칼주(Забайкальская область) 치틴군(Читинский уезд) 페스찬카(Песчанка)에서 태어났다. 군인으로 1929년부터 노동자-농민-붉은군대 부

59) 신. Д.В., 박 Б.Д., 조 В.В., "1941~1945년 대조국방어전쟁 전선의 소비에트 고려인들", 모스크바, 2011. 158쪽.
60) 신. Д.В., 박 Б.Д., 조 В.В., "1941~1945년 대조국방어전쟁 전선의 소비에트 고려인들", 모스크바, 2011. 171쪽.
61) 신. Д.В., 박 Б.Д., 조 В.В., "1941~1945년 대조국방어전쟁 전선의 소비에트 고려인들", 모스크바, 2011. 182쪽.

대에서 복무했다.

전쟁 시기에게 극동에서 복무했다: 폴타바(Полтава)와 크라스키노(Краскино) 요충지에서 통역군이었다; 크라스키노 정찰부 대장의 젊은 참모였고, 크라스키노 국경 정찰 부대 통역군이었다. 전쟁이 끝날 때 대위였다. 붉은별 훈장(1945년)과 "군복무", "1941~1945년 독일에 대항한 대조국방어전쟁에서 승리", "일본에 대항한 승리" 메달을 받았다. 1946년에 징집에서 해제되었다.

1947년에 우즈베키스탄 타시켄트주의 양기율(г. Янгиюль)시에서 검사보로 일했다. 1960년대에 극동의 법집행기관(правоохронительный орган)에서 근무했다.

1982년 북 카프카즈에서 사망했다.

◎ 김판신(Ким Пан Син)[62]

1901년에 태어났다. 1937년 우즈베키스탄으로 강제이주 당했다. 1942년 2월에 모스크바 지역국방사령부(РВК)의 소콜니체스크 군대에 징집되었다. 붉은 군대원으로, 1945년 5월에 행방불명되었다.

◎ 김병걸(Ким Пен Гер, (Ким Владимир Николаевич, 1923-2005)[63]

1923년 연해주의 파르티잔(Партизан) 지역 고르느이(Горный) 마을에서 태어났다. 아래 글은 타시켄트에서 신문사 인터뷰(1994년)를 한 것이다:

---

62) 신. Д.В., 박 Б.Д., 조 В.В., "1941~1945년 대조국방어전쟁 전선의 소비에트 고려인들", 모스크바, 2011. 223쪽.
63) 한 В.С., "그들이 조국을 지켰다"//고려일보, 1994년 5월 7일.

"내가 어릴 때 부모님을 잃어버려서 배우고 살던 스베르들로프시의 보육원에서 전쟁을 맞았다. 1941년 7월에 8학년을 마치면서 콤소몰 지역위원회의 도움으로 군 조종사 학교 입학 서류를 받았다. 그러나 내 어릴 때 친구들은 받아들였음에도 불구하고, 어릴 때를 구실로 내 입학을 거부했다. 반년 동안 나는 전선으로 보내줄 것을 요청하면서 전쟁위원회에 방문했지만 항상 거절당했다.

1942년 3월 6일 나는 "노동 대대"로 보내졌는데, 거기에는 자신들의 부모들이 탄압받았던 폴란드 사람들과 러시아 사람들이 있었다. 내가 고려인이라서 신뢰할 수 없는 것이 분명해졌다. 나는 도시에서 커다란 권한을 행사하던 보육원 원장과 나를 잘 알던 노동 대대 지휘관에게 요청했다. 뿐만 아니라 매주일 나는 전쟁위원회를 방문했다.

결국 1942년 9월에 나는 전쟁교관학교에 가게 되었고, 1943년 2월에 동급생 모두가 보로네즈(Воронеж) 전선으로 배치되었다. 나는 상사 계급을 받았고, 기관총 부대의 지휘자로 임명되었다. 쿠르스크주의 미하일롭프카 마을 근처를 공격할 때 나는 중상을 입었다. 회복되어서 나는 우크라이나 제1 전선의 젊은 조종사들의 일선 부대에 배치되었다. 동프러시아(Восточная Пруссия)에서 종전을 맞았고, 1947년에 동원에서 해제되었다."

1등급 대조국방어전쟁 훈장을 받았고, "용맹", "독일에 대한 전승" 메달을 받았으며 다른 표창들도 받았다.

전후에 중앙아시아국립대학교를 졸업하고 타시켄트와 사할린주 학교들에서 수학선생으로 일했다. 1990년대에 타쉬켄스 미르조-울루그벡(Мирзо-Улугбек) 지역 고려인문화센터 회장을 역임했다.

◎ 김 세묜 콘스타노비치(Ким Семен Константинович)[64]

1926년 극동의 니콜라예프(Николаев) 구역 크레포스티(Крепос
ть) 마을에서 태어났다. 1937년 우즈베키스탄으로 강제이주 당했다.

타시켄트주 상-치르칙 지역국방사령부에 의해 군대에 징집되었다.
벨라루시 제3전선의 39군의 158 보병 사단의 소총병이었다. 1944년 9월
17일 전투에서 사망했다. 라트비아(Латвиа)의 이에자프(Иецав)에
묻혀있다.

◎ 김 세르게이 현코비치(Ким Сергей Хенкович, 1918-1989)[65]

1918년 극동의 올긴군 페레틴(Перетин) 마을에서 태어났다.
1937년 우즈베키스탄으로 강제이주 당했다. 타시켄트 체육 대학을 졸
업하고 벨라루시로 갔다. 1941년 9월에 군에 징집되었다.

포병사단 4 친위대의 23 보병 연대의 중위로 근무했다. 1944년에
101 보병군단 207 보병연대 제2 보병대대의 하급지도자였다. 제4우크
라이나 전선의 제5 진격군의 24 보병연대의 대대 하급지도자였다.

"붉은 별" 훈장을 두 번(1944년과 1955년) 받았으며 제2등급 대조
국방어전쟁 훈장, "전쟁 참여", "레닌그라드 방어", "1941~1945년 독
일에 대항한 대조국방어전쟁에서 승리" 메달을 받았다.

전쟁이 끝난 후에 극동의 국경 수비대에서, 내무인민위원부 특별 통
신 군에서, 사할린과 아르메니아에서 복무했다. 1959년에 제대했다. 알
말릭크(Алмалык)시에서 살았고, 타지키스탄 공화국 두샨베시(г. Ду

---

64) 신. Д.В., 박 Б.Д., 조 В.В., "1941~1945년 대조국방어전쟁 전선의 소비에트
고려인들", 모스크바, 2011. 231쪽.
65) 신. Д.В., 박 Б.Д., 조 В.В., "1941~1945년 대조국방어전쟁 전선의 소비에트
고려인들", 모스크바, 2011. 233쪽.

шанбе)에서 말년을 보내고 1989년에 사망했다.

◎ 김종건(Ким Чон Гон)[66]

1922년 극동에서 태어났다. 1940년부터 우즈베키스탄 안디잔시에서 살았다. 1942년 2월에 군대에 징집되었다.

65보병 여단의 분대장이었다. 스탈린그라드 전투에 참여했다. 1943년 3월에 중상을 입었고, 치료 후에 징집에서 해제되었다. 대조국방어전쟁 2등급 훈장을 받았다.

전쟁 후에 치르칙 건설 대학을 마치고 우즈베키스탄 건설 현장의 건설 현장 감독과 지도자로 일했다.

◎ 리(사돕스키) 알렉세이 빅토로비치 (Ли(Садовский) Алексей Викторович)[67]

1922년에 태어났다. 1937년에 우즈베키스탄으로 강제이주 당했다.

1940년 2월에 군대에 징집되었다. 정찰병으로 어린 하사관이었다. 사돕스키라는 성명으로 전쟁에 참여했다. 제25군 88보병 여단의 정찰병으로 군대에 복무했다. 대조국방어전쟁 2등급 훈장과 "일본에 대항하여 승리" 메달을 받았다. 2000년대에 타시켄트에서 살았다.

---

66) 신. Д.В., 박 Б.Д., 조 В.В., "1941~1945년 대조국방어전쟁 전선의 소비에트 고려인들", 모스크바, 2011. 257~258쪽; 김종건, "지구의 평화를 위하여"// 고려일보 1995년 4월 29일.
67) 신. Д.В., 박 Б.Д., 조 В.В., "1941~1945년 대조국방어전쟁 전선의 소비에트 고려인들", 모스크바, 2011. 410~411쪽; 리-사돕스키 A., "나는 정찰병이었다"// 고려일보 1995년 5월 6일.

◎ 리 알렉세이 이바노비치(Ли Алексей Иванович)[68]

극동변강 프리모르주 니콜스크-우수리스크시에서 1914년에 태어났다. 1937년에 카자흐스탄으로 강제이주 당했다. 1941년에 노동군으로 징집되었다. 1943년 10월에 모스크바주 전쟁사령부의 발라쉬힌 노동자-농민-붉은 군대 대원으로 징집되었다.

낙하산병이었다. 최고사령부 예비대와 제3 공수 친위대, 제9 친위군 103 친위 보병 사단 317 친위 보병 연대에서 복무했다. 벨라루시와 폴란드, 체코슬로바키아, 헝가리 해방 전투에 참여했다.

대조국방어전쟁 1등급 훈장과 "용맹" 메달을 받았다.

전쟁이 끝난 후 카자흐스탄의 "오고로드니크" 집단농장에서 살았다. 그 후에 우즈베키스탄의 "두스트리크(Дустлик)(폴리트옷젤(Политотдел))" 집단농장에서 살았다.

◎ 리 인노켄티 알렉산드로비치
(Ли Иннокентий Александрович)[69]

1918년 하바롭스크에서 태어났다. 1937년에 우즈베키스탄으로 강제이주 당했다. 1942년 우즈베키스탄 페르간주의 라르길란 전쟁사령부의 노동자-농민-붉은군대 대원으로 징집되었다. 붉은군대 대원이었다. 1942년 8월에 행방불명되었다.

---

68) 신. Д.В., 박 Б.Д., 조 В.В., "1941~1945년 대조국방어전쟁 전선의 소비에트 고려인들", 모스크바, 2011. 268쪽; 리용관, "전선과 후방에서"// 고려일보, 1995년 1월 21일.

69) 신. Д.В., 박 Б.Д., 조 В.В., "1941~1945년 대조국방어전쟁 전선의 소비에트 고려인들", 모스크바, 2011. 286~287쪽.

◎ 리일용(Ли Ирен)[70]

1918년에 연해주에서 태어났다. 1937년에 우즈베키스탄으로 강제 이주 당했다. 정찰병이었다. 카바르디노-발카리야(Кабардино-Балк ария)에서 살고 있다.

◎ 양용범(Лян Ен Бом)[71]

1921년에 연해주에서 태어났다. 1936년에 크림으로 이주했다. 1941년 여름에 심페로폴(Симферополь) 군사령부의 노동자-농민-붉은군대 대원으로 징집되었다.

젊은 중위였다. 제2 우크라이나 전선의 제5 돈 군의 65 기병사단으로 우크라이나, 몰다비아, 루마니아, 헝가리 그리고 체코슬로바키아 해방전에 참여했다.

대조국방어전쟁 제1, 제2 등급 훈장, 붉은 별 훈장과, "용맹", "부다페스트 점령" 메달을 받았다.

전쟁이 끝난 후에 누쿠스 사범대학(카라칼팍(Каракалпак) 자치공화국)을 졸업했다. 카라칼팍 공화국 체육 스포츠 위원회 부의장으로 활동했다.

1946년 가을에 제대했다.

1990년대에 우즈베키스탄에서 살았다.

---

70) 신. Д.В., 박 Б.Д., 조 В.В., "1941~1945년 대조국방어전쟁 전선의 소비에트 고려인들", 모스크바, 2011. 287쪽.
71) 신. Д.В., 박 Б.Д., 조 В.В., "1941~1945년 대조국방어전쟁 전선의 소비에트 고려인들", 모스크바, 2011. 287쪽; 양용범, "나는 전쟁에서 자신을 배웠다"// 고려일보, 1995년 5월 6일.

◎ 양 레오니드 미하일로비치(Лян Леонид Михайлович)[72]

1924년에 우즈베키스탄의 페르간주 코칸드시에서 태어났다. 1937년 가을에 우즈베키스탄으로 강제이주 당했다.

타타르(Татар) 자치공화국 전쟁사령부(ГВК)의 카잔 노동자-농민-붉은군대 대원으로 징집되었다. 1943년 7월 17일 사망했다. 오를롭프(Оролв)주 공동묘지에 매장되었다.

◎ 마가이 알렉세이 알렉산드로비치
(Магай Алексей Александрович)[73]

1911년 연해주의 니콜라예프시에서 태어났다. 1937년 가을에 우즈베키스탄으로 강제이주 당했다.

1941년 10월 19일 우즈베키스탄 국방사령부의 페르간 노동자-농민-붉은군대 대원으로 징집당했다.

붉은 군대 대원이었다. 1943년 11월에 행방불명되었다.

◎ 민 유리 알렉산드로비치(Мин Юрий Александрович)[74]

1937년 가을에 우즈베키스탄으로 강제이주 당했다. 붉은군대 대원이었다. 1943년 9월 3일 전투에서 사망했다.

---

72) 신. Д.В., 박 Б.Д., 조 В.В., "1941~1945년 대조국방어전쟁 전선의 소비에트 고려인들", 모스크바, 2011. 302쪽.
73) 신. Д.В., 박 Б.Д., 조 В.В., "1941~1945년 대조국방어전쟁 전선의 소비에트 고려인들", 모스크바, 2011. 302쪽.
74) 신. Д.В., 박 Б.Д., 조 В.В., "1941~1945년 대조국방어전쟁 전선의 소비에트 고려인들", 모스크바, 2011. 322쪽.

◎ 문 레프(Мун Лев)[75]

1916년 연해주의 니콜스크-우수리스크시에서 태어났다. 1937년 가을에 우즈베키스탄으로 강제이주 당했다.

1940년 2월에 우즈베키스탄 전쟁사령부의 타시켄트 노동자-농민-붉은군대 대원으로 징집당했다. 붉은군대 대원이었다. 학생이었다. 1941년 11월에 행방불명되었다.

◎ 남 알렉산드르(Нам Александр)[76]

1910년 연해주에서 태어났다. 1937년에 우즈베키스탄으로 강제이주 당했다.

1943년 9월 10일 우즈베키스탄 안디잔 도시연합전쟁위원회(Анди жан ОГВК)의 노동자-농민-붉은군대 대원으로 징집당했다. 1943년 10월에 행방불명되었다.

◎ 남 블라디미르 테렌티예비치 (Нам Владимир Терентьевич)[77]

1923년에 태어났다. 1937년에 우즈베키스탄으로 강제이주 당했다.

1943년 우즈베키스탄 호레즘 연합전쟁위원회 노동자-농민-붉은군대 대원으로 징집당했다. 붉은군대 대원이었다. 대조국방어전쟁 제2등급 훈장을 받았다(1990).

---

75) 신. Д.В., 박 Б.Д., 조 В.В., "1941~1945년 대조국방어전쟁 전선의 소비에트 고려인들", 모스크바, 2011. 322쪽.
76) 신. Д.В., 박 Б.Д., 조 В.В., "1941~1945년 대조국방어전쟁 전선의 소비에트 고려인들", 모스크바, 2011. 324쪽.
77) 신. Д.В., 박 Б.Д., 조 В.В., "1941~1945년 대조국방어전쟁 전선의 소비에트 고려인들", 모스크바, 2011. 326쪽.

1990년대에 우즈베키스탄 타시켄트주의 "프라브다(Правда)" 집단농장에서 살았다.

◎ 남 콘스탄틴 니콜라예비치 (Нам Константин Николаевич)[78]

극동의 블라디보스토크 구역 미하일롭프카(Михайловка) 마을에서 1928년에 태어났다.

1937년 가을에 우즈베키스탄으로 강제이주 당했다.

니콜라이 오를로프 부대 빨치산 대원이었다. 대조국방어전쟁 제2등급 훈장(1985)과 붉은별 훈장을 받았고, "전쟁 참여", "1941~1945년 대조국방어전쟁에서 독일에 대항한 승리" 메달과 "최고 사격수" 징표를 받았다.

전쟁이 끝난 후에 타시켄트주의 치르칙 화확공장에서 일했다. 나중에 러시아로 이주했다.

◎ 박 예브게니 이바노비치(Пак Евгений Иванович)[79]

1941년 6월 22일 전쟁이 시작되었다. 로스토프-나-도누(Ростов-на-Дону)까지 후퇴했다. 거기에서 민족 문제로 군에서 해고되어 후방으로 보내졌다.

전후에 우즈베키스탄의 베카바드(Бекабад)시에서 살았다.

---

78) 신. Д.В., 박 Б.Д., 조 В.В., "1941~1945년 대조국방어전쟁 전선의 소비에트 고려인들", 모스크바, 2011. 328쪽.
79) 김 Б., "선홍빛 가을 십자가, 기차는 떠갔고, 야간 위생병들"//고려일보. 2002년 5월 10일.

◎ 박 이반 야코블레비치(Пак Иван Яковлевич)[80]

1910년 연해주의 클료르카만에서 태어났다. 군사요원이었다. 1932년 9월부터 노동자-농민-붉은군대 대원이었다. 1936년에 제1 레닌그라드 전쟁 포병학교를 졸업했다.

1936~1939년에 하리코프 군관구의 화기소대 지휘관이었다.

1941년 10월부터 1942년 6월까지 세바스토폴(Севастополь) 방어전에 참여했다. 1942년 6월 30일 포로로 잡혔다. 독일의 전쟁포로를 위한 수용소에 수감되었다. 1945년 5월 4일 알텐그라프(Альтенграб)(독일)시의 노동자-농민-붉은 군대의 진입으로 해방되었다.

대조국방어전쟁 제2등급 훈장(1958)과 붉은 별 훈장(1942)을 받았고, "1941~1945년 대조국방어전쟁에서 독일에 대항한 승리" 메달을 받았다.

우즈베키스탄 베카바드(Бекабад)시에서 학교 선생으로 일했다. 1975년에 사망했다.

◎ 박 파벨 아키모비치(Пак Павел Акимович)[81]

1913년에 연해주의 푸찔로프카(Пуциловка) 마을에서 태어났다. 정규군인이었다. 1932년 10월 30일 극동의 보로쉴로프(Ворошилов) 군사령부의 노동자-농민-붉은군대 대원으로 입대했다. 1937년에 모스크바 탱크 기술학교를 졸업했다.

1941년부터 남부와, 남동부 전선 성원이었다. 1943년부터 기술-포

---

80) 신. Д.В., 박 Б.Д., 조 В.В., "1941~1945년 대조국방어전쟁 전선의 소비에트 고려인들", 모스크바, 2011. 374~375쪽.
81) 신. Д.В., 박 Б.Д., 조 В.В., "1941~1945년 대조국방어전쟁 전선의 소비에트 고려인들", 모스크바, 2011. 383~384쪽.

병 부대 소령이었고, 탱크 대대 기술 분야로 지휘관 참모였다.

적기훈장(2회 : 1942, 1954), 대조국 전쟁 제1등급 훈장(1942), 붉은 별 훈장(1948)을 받았고, "용맹"(1943), "군복무"(1944), "스탈린그라드 방어", "부다페스트 점령"(1945), "비엔나 점령"(1945), "1941~1945년 대조국방어전쟁에서 독일에 대항한 승리" 등의 메달을 받았다.

1950년대에 보병연대 기술분과의 부사령관을 역임했다. 중령이었다. 우즈베키스탄의 스베르들로프 집단농장에서 살았다.

◎ 박차길(Пак Тхя Гир)[82]

1923년 극동의 테르네이(Тернейский район) 지역 한킨동(Хан киндон) 마을에서 태어났다. 하사로, 독립 부교가설연대 지휘관이었다(1942~1946). 레닌그라드 봉쇄 돌파전과 발트해 연안국, 폴란드해방 전투에 참여했다. 독일에서 종전을 맞았다. 명예 3등급 훈장과 대조국방어전쟁 제2등급 훈장을 받았고, "용맹", "군복무", "레닌그라드 수복", "바르샤바 해방" 메달을 받았고, 폴란드로부터 "바르샤바를 위하여" 메달 등을 받았다.

전쟁이 끝난 후에 타시켄트 재무경제연구소를 졸업하고(1951), 타지키스탄에서 신용감독관으로 일했다.

후에 타시켄트 농업연구소에서, 그 후에 타시켄트국립대학교에서 강의했다. 경제학 박사(1964년 "국가의 농산물 구매"라는 주제로 학위를 받았다)로 조교수였다. 50권 이상의 학술전문도서를 저술했다.

---

82) 김 Б., "우즈베키스탄의 고려인들, 누가 있는가", 타시켄트, 1995. 91쪽; 이용관, 참전용사들에 대한 경의//고려일보. 1995년 4월 29일.

◎ 손 알렉세이 미하일로비치(Сон Алексей Михайлович)[83]

1928년 극동의 블라디보스토크 구역 그로데코보(Гродеково) 마을에서 태어났다. 1937년에 우즈베키스탄으로 강제이주 당했다.

1944년에 전선으로 갔다. 연대의 아들이었다. 박격포 부대의 소대 하사관이었다. 제4, 제1 우크라이나 전선에서 전투를 수행했다. 대조국방어전쟁 제2등급 훈장(1985)과 제3등급 명예훈장을 받았다(1945). 그리고 "군복무"(1944), "프라하 해방"(1990) 메달을 받았고, "연대의 아들" 징표를 받았다(2008). 교육학 박사이다(1978).

◎ 정 알렉산드르 바실리예비치(Тен Александр Васильевич)[84]

1911년 한국에서 태어났다. 1937년에 우즈베키스탄으로 강제이주 당했다. 타시켄트주에서 노동자-농민-붉은군대 대원으로 징집되었다.

제2 발틱연안 전선의 46 근위 보병 사단의 135 근위 보병연대 사수였다. 1944년 3월 19일 부상으로 사망했다.

◎ 정 트로핌 알렉산드로비치(Тен Трофим Александрович)[85]

1920년에 치타에서 태어났다. 1937년에 우즈베키스탄으로 강제이주 당했다. 페르간주에서 노동자-농민-붉은군대 대원으로 징집되었다.

스텝 전선의 78 근위 보병 사단의 228 근위 보병 연대의 사수였다. 1943년 10월 3일 드네프르 진공전투에서 사망했다.

---

83) 신. Д.В., 박 Б.Д., 조 В.В., "1941~1945년 대조국방어전쟁 전선의 소비에트 고려인들", 모스크바, 2011. 417~418쪽.
84) 신. Д.В., 박 Б.Д., 조 В.В., "1941~1945년 대조국방어전쟁 전선의 소비에트 고려인들", 모스크바, 2011. 430쪽.
85) 신. Д.В., 박 Б.Д., 조 В.В., "1941~1945년 대조국방어전쟁 전선의 소비에트 고려인들", 모스크바, 2011. 452쪽.

◎ 황 알렉산드르 그리고리예비치
(Хван Александр Григорьевич)[86]

1909년 연해주의 코르사코프(Корсаков) 마을에서 태어났다.

직업군인이다. 1933년 노동자-농민-붉은군대 대원으로 입대했다. 47 화기 보병 연대 제5, 제12 예비 연대에서 기술 담당 책임자로 전쟁에 참여했다.

근위부대 대위였다. 1945년 4월부터 6월까지 제1 벨라루시 전선의 제1 근위 탱크 부대의 제21 근위 여단 기술 중대 중대장이었다.

붉은별 훈장을 받았고(1945), "전쟁 복무"(1946), "베를린 함락"과 "1941~1945년 대조국방어전쟁에서 독일에 대항한 승리" 등의 메달을 받았다.

조선에 복무하기 위해 갔다. 1947년 2월부터 1948년 11월까지 기술분야 책임자이자, 운영 부서 책임자였으며, 북한군 부참모장이었다. "조선해방" 메달을 받았다.

1948년부터 우즈베키스탄 "북극성" 집단농장에서 살았다. 1978년 우크라이나에서 사망했다.

◎ 황동국 페트로비치(Хван Донгук Петрович)[87]

1918년 연해주의 타우데미(Таудеми) 마을에서 태어났다. 1937년에 우즈베키스탄으로 강제이주 당했다.

1941년에 노동군으로 징집당했다. 하리코프 근교에서 참호를 파는

---

86) 신. Д.В., 박 Б.Д., 조 В.В., "1941~1945년 대조국방어전쟁 전선의 소비에트 고려인들", 모스크바, 2011. 516~517쪽.
87) 신. Д.В., 박 Б.Д., 조 В.В., "1941~1945년 대조국방어전쟁 전선의 소비에트 고려인들", 모스크바, 2011. 523~524쪽.

일과 철도 지선 건설에 참여했다. 자신의 요청으로 아스트라한에 만들어진 130 사단의 대전차 지휘관으로 참여했다. 폴란드 해방전에 참여했고, 베를린까지 진격했다.

대조국방어전쟁 제2등급 훈장을 받았고, 두 번의 "용맹" 메달과 두 번의 "전쟁참여" 메달, 그리고 "쾨니스베르크(Кёнигсберг) 진공" 메달을 받았다.

◎ 차 그리고리 알렉산드로비치 (Цай Григорий Александрович)[88]

1918년 연해주의 알렉세예프카(Алексеевка) 마을에서 태어났다. 1937년에 우즈베키스탄으로 강제이주 당했다.

1939년부터 노동자-농민-붉은군대 대원이었다. 전쟁 시기에 제 173 근위 포병 연대와 제 160 독립 박격포 연대의 포병중대 책임자였다. 1942년 8월 25일 전투에서 사망했다.

◎ 차 표도르 바실리예비치(Цай Федор Васильевич)[89]

1914년 연해주에서 태어났다. 1937년에 우즈베키스탄으로 강제이주 당했다.

1941년 9월에 스타르쉰시에서 노동자-농민-붉은군대 대원으로 징집되었다. 제 88 독립 보병연대의 분대장이었다. 소련과 일본 전쟁에 참여했다. "전쟁복무"와 "일본에 대항한 승리" 메달을 받았다.

전쟁이 끝난 후 우즈베키스탄으로 돌아왔다. 1957년에 사망했다.

---

88) 신. Д.В., 박 Б.Д., 조 В.В., "1941~1945년 대조국방어전쟁 전선의 소비에트 고려인들", 모스크바, 2011. 535쪽.
89) 신. Д.В., 박 Б.Д., 조 В.В., "1941~1945년 대조국방어전쟁 전선의 소비에트 고려인들", 모스크바, 2011. 538~539쪽.

◎ 조 니콜라이 이바노비치(Цой Николай Иванович)[90]

1912년 연해주의 자레츠노(Заречно) 마을에서 태어났다. 1937년에 우즈베키스탄으로 강제이주 당했다.

1941년 10월에 노동자-농민-붉은군대 대원으로 징집되었다. 1942년 5월에 행방불명되었다.

◎ 채 자하르 알렉세예비치(Цхай Захар Алексеевич)[91]

1908년 연해주의 아무르주 블라고슬로벤노예(Благословенное) 마을에서 태어났다. 1937년에 우즈베키스탄으로 강제이주 당했다.

1942년 3월에 노동자-농민-붉은군대 대원으로 징집되었다. 1942년 6월에 행방불명되었다.

◎ 신분남(Шин Бун Нам)[92]

1915년 프리아무르 변강주 연해주 파블로프카(Павловка) 마을에서 태어났다. 1937년에 우즈베키스탄으로 강제이주 당했다.

1941년 9월에 노동자-농민-붉은군대 대원으로 징집되었다. 1943년 4월에 행방불명되었다.

---

90) 신. Д.В., 박 Б.Д., 조 В.В., "1941~1945년 대조국방어전쟁 전선의 소비에트 고려인들", 모스크바, 2011. 550쪽.
91) 신. Д.В., 박 Б.Д., 조 В.В., "1941~1945년 대조국방어전쟁 전선의 소비에트 고려인들", 모스크바, 2011. 571쪽.
92) 신. Д.В., 박 Б.Д., 조 В.В., "1941~1945년 대조국방어전쟁 전선의 소비에트 고려인들", 모스크바, 2011. 591쪽.

◎ 유성철(Ю Сен Чер)[93]

연해주의 차피고우(Чапигоу) 마을에서 태어났다. 1937년에 카자흐스탄으로 강제이주 당했다. 1939~1941년에 타시켄트에서 공부했다.

1941년 9월에 타시켄트에서 노동자-농민-붉은군대 대원으로 징집되었다. 1941~1943년 노동자-농민-붉은군대 총참모부의 최고특수학교에서 공부했고, 극동전선의 특수 정찰학교에서 공부했다. 1943~1945년 극동전선의 88독립 보병 여단의 통역병이었다.

1945년 10월부터 1960년 6월까지 북한인민군[94]에서 복무했다. 조선민주주의인민공화국 중장이었다. 북한군 총참모부 행정 담당 책임자였다. 조선민주주의인민공화국과 몽골에서 훈장을 받았다.

소련으로 돌아온 후 타시켄트의 "폴리트옷젤" 집단농장에서 살았다. 1996년에 사망했다.

3. 북한으로 간 우즈베키스탄의 고려인들 (1940 - 1950년대)

1) 역사적 배경

1940년대 중반에 소비에트 고려인들은 정찰을 준비하기 시작했다. 그것은 조선과 만주에서 비합법적인 활동이었다. 노동자-농민-붉은 군대 대원들 중 몇몇 고려인들은 극동전선으로 갔다. 조선이 해방된 이후

---

93) 신. Д.В., 박 Б.Д., 조 В.В., "1941~1945년 대조국방어전쟁 전선의 소비에트 고려인들", 모스크바, 2011. 595~596쪽.

94) В дальнейшем КНА.

일부 고려인들은 소련의 국가행정기구(СГА)의 기관원들이 되어서, 북한으로 가서 새로운 국가 건설에 도움을 주었다. 우즈베키스탄에서 간 고려인들 중 일부는 국가와 당에서 고위직을 맡기도 했다(남일, А.И. 허가이와 기타).

한국전쟁 시기에 우즈베키스탄에서 간 많은 소비에트 고려인들은 북한인민군의 고위직을 맡았다. 그들은 육군과 해군 공군의 총참모부, 지치기구, 군 기술 기구, 정찰과 방첩, 군사 재판과 사단, 군대를 지휘했다; 그들 중 20명 이상이 장군 칭호를 받았다.

스탈린의 개인숭배에 대한 비판이 행해진 소련공산당 제20차 당대회 이후에 김일성은 "소련파" 축출 정책을 단행하기 시작했다. 일부 소비에트 고려인들은 감옥에 투옥되기도 했다. 1950년대 말-1960년대 초에 대부분의 소련 고려인들은 소련으로 되돌아왔다.

2) 인물들

◎ 김봉길(Ким Вон Гир, 1912-1959)[95]

1912년 우수리주의 스파스크(Спасск) 지역 피센쫀(Писенцон) 마을에서 태어났다.

1927~1931년 봉길과 그의 아버지 그리고 형제들은 농업에 종사했는데, 초기에 개인적으로 후에 집단농장에 참여했다.

콤소몰(ВЛКСМ-Всесоюзный ленин ский коммунистический союз моло

---

95) И.Н. 셀리바노프, 김봉길 장군. (http://koryo-saram.ru/general-kim-von-gir/)

дежи)의 지역위원회 추천으로 블라디보스토크의 고등사범대학에 공부하러 떠났다. 거기에서 한국학과를 다녔다. "역사교사"를 전공했다. 1937년 여름에 고려사범대학은 카자흐스탄 크즐오르다시로 이주했다. 1938년에 김봉길은 학교를 졸업했다. 계획에 따라 타시켄트주 중-치르칙 지역에 있는 키로프 집단농장 학교에서 가르치기 위해 우즈베키스탄으로 떠났다. 1938~1941년 거기에서 역사를 가르쳤다.

1942년에 소련공산당원이 되었고, 당 학교에 입학했다. 키로프 집단농장의 회장 한무(Хан-Му)의 추천서에는 다음과 같이 쓰여져 있다: "조선문제에 관심을 가지고 있고, 일본군국주의의 멍에에서 조선 인민의 해방을 위한 전사가 되기를 열망하고 있다. 기초 군사 훈련을 통과한 신체적으로 건강한 사람이다."

1944년 극동. 김봉길(첫 번째 줄 왼쪽에서 두 번째 인물)

당 학교를 졸업한 후 1944년에 타시켄트 전쟁사령부에 의해 노동자-농민-붉은군대 대원으로 징집되어 극동으로 파견되었다; 태평양함대 해양상륙부대에서 근무했고(1944년 3월부터 1947년 6월까지), 일본으로부터 나진, 청진, 원산을 해방시키는 전투에 참여했다.

"1941~1945년 대조국방어전쟁 시기에 용맹한 활동에 대한", "용맹", "일본에 대항한 승리", "조선해방" 메달을 받았다.

평양. 1949년 2월. 소련 고문들과 함께 김봉길(오른쪽에서 첫 번째)

1947년 8월에 극동에서 제대하고 그곳에 남았다. 조선노동자들 사이에서 정치와 교육 분야 부국장을 역임했다. 북조선인민민주주의공화국 선포 직전에 소비에트 고려인 당과 함께 평양으로 향했다.

한국전쟁에 참전했고, 소장 계급으로 북한인민군의 공군참모총장에 임명되었다.

스탈린이 사망한 후 김봉길은 북조선인민공화국의 국적을 취득하고 그곳에 계속 남기를 제안받았다. 그는 남기로 결정했다. 그러나 1959년 초에 김봉길 장군은 직책에서 면직되었고, 그는 친척이나 동료도 더 이상 볼 수 없었다. 그는 북한의 결정에 불충한다고 의심을 받았으며 숙청당했다.

◎ 기세복(Ки Се Пок, 1913-1979)[96]

1913년 극동변강주 블라디보스토크 지역 네지노(Нежино) 마을에서 태어났다. 니콜스크-우수리스크 고려인 사범전문학교를 졸업하고 하바롭스크 공산당대학에서 편집과정을 마쳤다. 중등학교 교장으로 일했고, 극동국립출판사(Дальгиз- Дальневосточное государственное издательство)에서 조선어 교과서를 편집했으며, 고려인 사범대학에 입학했다.

1937년 강제이주 이후 학업을 계속해서 사마르칸드국립대학교를 졸업했다.

파스트다르곰 지역에서 학교 교장을 역임했다(사마르칸드주).

1945년 군대에 입대했다. 한국에서 소비에트 전쟁 행정부서의 통역군이었고, 후에 북한군 결성 작업에 군사정치학교 부책임자, 책임자로 참여했다. 조선노동당 중앙집행위원회(ЦК ТПК) 분과의 부과장이자 "노동신문" 편집장을 역임했다. 1951년에 문화선전부 부부장에 임명되었고, 2년 후에 북한의 외무부 부부장이 되었다. 그래서 그는 한국의 휴전에 관한 제네바회담에 참여했다. 군사아카데미의 부책임자와 기술도서 출판사 대표를 역임했다. 소련으로 돌아온 후(1957년) "레닌기치" 타시켄트 지국장을 역임했다.

소련과 북한에서 메달을 받았다.

◎ 리춘백(Ли Чун Бяк)[97]

1912년 블라디보스토크에서 태어났다. 타시켄트 사범대학을 졸업

---

96) 북한에서는 기석복이라 불리기도 했다-역자 주.
　　김 Б., "우즈베키스탄의 고려인들. 누가 있는가". 타시켄트, 1995. 37쪽.
97) 김 Б., "우즈베키스탄의 고려인들. 누가 있는가". 타시켄트, 1995. 75쪽.

했다(1942년). 중-치르칙 지역의 "극동" 집단농장에서 학교 교장과 같은 집단농장에서 당조직원으로 일했다.

1945년에 조선으로 가서 국가기관원 준비대학에서 가르쳤고, "조선신문(Корейская газета)(소련군의 연해주군관구 기관)" 일꾼으로, 평양에서 군사정치학교 정치분과 책임자로 일했다.

한국전쟁에 참전하여 육군소장으로 북한인민군 제46군 부대장이었다. 북한인민군 제7군단 부단장으로 군사위원이었다.

소련으로 돌아와 타시켄트 고등 당학교를 졸업하고, 카라칼팍(Каракалпак) 자치공화국 쿤그라드(Кунград) 지역의 "알튄쿨(Алтынкуль)" 솝호즈의 회장으로 임명되었다. 소련과 북한, 몽골에서 훈장과 메달을 받았다.

◎ 명월봉(Мен Воль Бон, 1913-1991)[98]

연해주의 시지미(Сидими) 마을에서 태어났다. 1935년에 블라디보스토크 고려사범대학에 입학했다. 1937년에 대학이 크즐오르다로 옮겨왔고, 그곳에서 1939년에 학업을 마쳤다.

1948~1957년에 북한에서 활동했다. 군사학교에서 러시아어와 문학학과 학과장으로, 군신문 부주필로 일했다.

소련으로 돌아와서 모스크바에서 고등당학교를 졸업하고(1962년), "레닌기치(Ленин кичи, 1991년부터 고려일보로 명칭 변경)" 신문사에서 일했다. 니자미 타시켄트사범대학에서 조선어를 가르쳤다. "개설(서울, 1990년)"의 저자로 언어와 교육 문제에 관한 일련의 학술 서적을 집필했다. 알마아타와 서울에서 많은 선집 형태의 시집이 출판되었다.

---

98) 김 Б., "우즈베키스탄의 고려인들. 누가 있는가". 타시켄트, 1995. 79쪽.

◎ 남일(Нам Ир, 1913-1976)[99]

1913년 6월 5일 극동변강주의 우수리스크주 이바노프(Иванов) 지역의 카자케비체보(Казакевичево) 마을에서 태어났다. 남 야코프 페트로비치(Нам Яков Петрович)로 불렸다. 1932년에 극동에서 교육활동을 시작했다. 1939년에 남은 톰스크국립대학교를 졸업하고 침켄트(Чимкент)(카자흐스탄공화국)에서 교사 연구소의 수석 교사로 활동했다.

1941년부터 1943년까지 카르쉬(Карши)(우즈베키스탄) 제1중학교에서 교사와 연구 책임자로 활동했다. 1943년부터 1946년까지 카쉬카다린(Кашкадарьин) 주교육국의 부책임자 및 책임자로 활동했다. "대조국방어전쟁에서 용맹한 활동" 메달을 받았다.

1946년에 북한에 통역원으로 파견되어 소비에트국가관리기구(СГА)에 참여했다. 곧 새로운 임무를 부여받았다: 북한인민위원회 교육인사분과 책임자로, 그리고 1948년 9월에 만들어진 북한의 교육성의 부책임자가 되었다. 같은 해 남일은 최고인민회의 대의원이 되었고, 1950년에 북한노동당 중앙위원이 되었다.

---

99) 셀리바노프 И.Н., "남일(1913~1976): 전기의 주요 이정표(러시아문서보관소 자료에 근거하여)" (http://koryo-saram.ru/nam-ir-1913-1976-osnovnye-vehi-biografii-po-materialam-rossijskih-arhivov/)

한국전쟁이 발발하자 남일은 새로운 임무를 부여받아서 북한외무성 부장이 되었고, 1959년까지 그 직책을 수행했다. 동시에 그는 정치 노선에 따라 진급했다: 1953~1956년에 북한노동당 조직국원이 되었다.

이 시기에 사회주의 진영에서 중요한 사건이 발생했다. 스탈린 사망과 관련하여 김일성은 모스크바와 베이징의 과도한 후견으로부터 멀어지려고 시도했다.

1956년 4월 북한노동당 제3차 당대회에서 남일은 노동당 중앙위원회 최고간부회의(정치국) 성원이 되었고, 제5차 당대회에서 그를 해임하던 1970년까지 그 직위를 유지했다.

1956년 여름과 가을에 남일은 북한의 내부 상황에 영향을 미치려는 모스크바와 베이징의 시도와 관련한 중요한 사건의 진원지가 되었다. 소련과 중국에서 온 사람들로 김일성 반대파가 형성되었다. 남일은 또다시 김일성 편에 섰다.

남일은 충성심의 대가로 새로운 직책을 부여받았다: 1957년부터 사망할 때까지 북한의 내각 부수상이 되었다(1972년부터 행정위원회 총리).

1959년부터 남일의 경력은 점차 감소되기 시작했다. 그는 국가건설위원회 위원장으로 그 후에 철도상과 마지막으로 노동상을 역임했다.

1962~1965년 소련과 북한의 관계가 악화되던 시기에 남일은 북한노동당 중앙위원회 장치국 회의에 참여할 수 있는 자격을 박탈당했다. 이와 관련하여 소련의 국가안전부(KГБ) 자료에 따르면, 남일은 소련에 이용당할 스파이로 의심받았다.

1976년 3월 7일 자동차 사고로 남일이 사망했다는 소식이 전해졌다. 김일성을 장례위원장으로 한 국가장례위원회가 조직되었다.

◎ 허가이 알렉세이 이바노비치
(Хегай Алексей Иванович, Хо Га И, 1908-1953)[100]

북한에서 소비에트 고려인들과 관련하여 가장 영향력이 있었던 인물이다.

1908년 3월 18일 하바롭스크에서 태어났다. 1924년에 콤소몰에 가입했고, 1930년 12월에 당에 가입했다.

1933~1936년 콤소몰의 간부였다. 1937~1944년 우즈베키스탄의 타시켄트주에서 당의 직책들을 맡았다.

1945년 가을에 군인이 되어 소비에트 고려인 집단과 함께 평양으로 갔다. 1945년 말에 소련 국적을 유지한 채 이미 북한공산당의 최고지도자 중의 한 명이 되었다.

1946년 8월에 북한의 공산당 창립대회 결과 북한의 새로운 인민 정당으로 북한노동당이 창당했다. 허가이는 정치국 성원이 되었고, 중앙위원회 조직국의 부국장이 되었다. 1948년 9월에 북한의 조선노동당 제1부위원장이 되었다. 동시에 검열위원회 위원장도 맡았다. 1949년에 남북한의 노동당이 통합했다.

김일성과 함께

100) 랑코프 А.Н., "조선민주주의인민공화국 어제와 오늘. 북한의 비공식적인 역사". 모스크바, 2005년. 201~221쪽.

북한인민군 장교 그룹들과 함께

1949년 새로 창당한 노동당에서 김일성은 당의 주석이 되었고, 허가이는 중앙위원회 제1서기가 되었다. 조선노동당 중앙위원회 제4차 회의 2차 소집에서 김일성의 주창으로 허가이는 내각의 부총리로 선출되었다.

1953년 7월 2일 사망했다. 공식적인 보도에 따르면 허가이는 자살로 생을 마감했다. 그러나 대부분의 전문가들은 암살당했다고 생각하는 경향이 있다.

◎ 유성철(Ю Сен Чер)

연해주의 차피고우(Чапигоу) 마을에서 태어났다. 1937년에 카자흐스탄으로 강제이주 당했다. 1939~1941년에 타시켄트에서 공부했다.

1941년 9월에 타시켄트에서 노동자-농민-붉은군대 대원으로 징집되었다. 1941~1943년 노동자-농민-붉은군대 총참모부의 최고특수학교

에서 공부했고, 극동전선의 특수 정찰학교에서 공부했다. 1943~1945
년 극동전선의 88독립 보병 여단의 통역병이었다.

1945년 10월부터 1960년 6월까지 북한인민군에서 복무했다. 조선
민주주의인민공화국 중장이었다. 북한군 총참모부 행정 담당 책임자였
다. 조선민주주의인민공화국과 몽골에서 훈장을 받았다.

소련으로 돌아온 후 타시켄트의 "폴리트옷젤" 집단농장에서 살았
다. 1996년에 사망했다.

4. 소련공산당, 입법 및 공직의 고려인들

1) 역사적 배경

전 세계의 한인 디아스포라 중에서 소련에서, 특히 중앙아시아에서
처럼 그렇게 높은 지위를 가진 나라는 그 어디에서도 찾을 수 없다. 스
탈린의 정책에 따른 법적인 측면에서 그리고 소수민족으로서 "아무런
권한을 누리지 못하는"그들의 상태에서의 한계를 감안할 때 이러한 현
상은 정말로 놀라운 것이다.

우즈베키스탄의 고려인에 대해 말하자면, 소비에트시기에 권력의
집행 조직에서 그들 중에서 공화국의 장관과 차관들이 있었다: 지역산
업장관(B,A. 천), 어업 국가위원회 의장(X.T. 정), 건설부 차관(Н.Д.
정), 식량부 차관(Н.Л.정), 과일과 야채 생산부 차관(X.T. 정), 지리와
광물자원부 차관(P.B. 조).

법률 분야의 고위 조직에서 고려인들은 소련의 최고소비에트에서
(А. 강, Л. 리, В.И. 조), 우즈베키스탄의 최고 소비에트에서(김병화,

황만금, 신정직, 정해균, H.B. 김) 주와 도시, 지역의 소비에트에서 대표로 활동했다. 또한 고려인들은 당 조직들에서 다양한 직위에서 대표로 활동했다.

2) 인물들

◎ 김두칠(Ким Ду Чир, 1914-1983)[101]

1914년 극동의 혼모우(Хонмоу) 마을에서 태어났다. 편집출판 전문학교를 마치고(1936년 모스크바), "외국인 노동자들" 출판사에서 편집기술자로 일하고 군대에 복무했다.

타시켄트 법률 연구소를 졸업하고(1942년), 1953년까지 하-치르칙 지역의 검찰을 포함한 타시켄트주의 검찰 기관에서 일했다.

1953~1975년 "레닌기치" 신문사의 주재 특파원으로 활동했다. 조선어로 시를 쓴 작가였다. 작가. 카자흐스탄의 고려극장에서 무대에 올리는 연극의 극작가였다.

◎ 김 콘스탄틴 알렉세예비치
(Ким Константин Алексеевич, 1928-2006)[102]

1928년에 연해주의 올긴(Ольгин) 지역에서 태어났다. 전쟁 시기에 노동군으로 활동했다. 타시켄트국립사범대학 역사학부를 졸업했다(1951년).

타시켄트주의 학교들에서 일했고(교사, 교장), 소련공산당 중-치르

---

101) 김 Б., "우즈베키스탄의 고려인들. 누가 있는가". 타시켄트, 1995. 48쪽.
102) "콘스탄틴 알렉세예비치 김-우즈베키스탄 고려인문화센터 노인위원회 의장"//우리의 영웅. 제1권, 타시켄트: 이스틱클롤, 2006, 259~260쪽; "콘스탄틴 알렉세예비치 김"//우리의 영웅. 제2권, 타시켄트: 이스틱클롤, 2009, 91~98쪽.

칙 지역위원회 분과장, "북극성" 집단농장의 당위원회 서기, 악쿠르간
(Аккурган) 지역 당위원회 제2서기, 농업노동조합 지역위원회 의장
을 역임했다.

여러 훈장과 메달을 받았다. 현역에서 은퇴한 후 김병화폰드와, 우
즈베키스탄 고려인문화센터의 노인위원회를 이끌었다.

◎ 김 니콜라이 바실리예비치
(Ким Николай Васильевич, 1904-1988)[103]

1904년에 연해주의 시넬니코보 마을에서 태어났다. 군복무를 마치
고(1926~1928), 변강주 당학교에서 공부했으며, 당 조직에서 활동했다.

강제이주 이후 호레즘주에서 당 조직에서 일했고, MTC 부대표, 구
를렌(Гурлен), 코쉬쿠프르(Кошкупыр), 우르겐치(Ургенч), 얀기바
자르(янгибазар) 지역의 당 서기와, 소련공산당 지역 위원회 분과장
을 역임했고, "우즈베키스탄농업기술(Узсельхозтехника)" 지역농업
기구와 지역연합을 이끌었다. 한카이(Ханкай) 지역의 알-호레즘(Аль
-Хорезм) 솝호즈의 회장으로 25년 동안 일했다. 그의 지도하에 그 솝
호즈는 우즈베키스탄에서 벼재배의 리더가 되었다.

동시에 지역과 당 위원회의 대표로 선출되었고, 또한 우즈베키스탄
제10차 최고소비에트 회의의 대의원이었다. 레닌 훈장과 10월혁명 훈
장, 친선 훈장을 받았으며, 4번의 "명예" 훈장과 기타 칭호를 받았다.

---

103) 김 Б., "우즈베키스탄의 고려인들. 누가 있는가". 타시켄트, 1995. 54쪽.

◎ 김병화(Ким Пен Хва, 1905-1974)[104]

농업의 저명한 지도자. 우즈베키스탄 최고위원회 2~7차 회의의 대의원.

1905년에 연해주의 니콜스크-우수리스크군의 차피고우 마을에서 태어났다.

1940년에 타시켄트주의 "북극성" 집단농장을 이끌었다. 그의 지도로 집단농장은 매우 높은 생산성을 보이는 곳이 되었고, 소련에서 뛰어난 곳 중의 하나가 되었다.

두 번의 사회주의 노동영웅 칭호를 받았다(1949년과 1951년 소련 최고위원회 결정).

4번의 레닌 훈장과 10월혁명 훈장, 붉은별 노동훈장, "명예 징표"와 여타 많은 칭호를 받았다.

◎ 리 류보비(Ли Любовь)[105]

1924년 연해주 부덴노보 지역에서 태어났다.

1962~1970년에 소련 최고위원회 의원을 역임했다.

타시켄트주의 "폴리트옷젤" 집단농장에서 옥수수재배 브리가다의 책임자였다. 옥수수 재배에 뛰어난 성공을 달성했다.

사회주의 노동영웅이다(1962).

---

104) 정 E., "김병화에 관한 전설", 타시켄트, 2005, 136쪽; "김병화와 '북극성' 집단농장", 모스크바, 동방학연구소, 2006, 288쪽.
105) 김 Б., "우즈베키스탄의 고려인들. 누가 있는가". 타시켄트, 1995. 73쪽.

◎ 리 니콜라이 세르게예비치(Ли Николай Сергеевич)[106]

1931년 극동의 스파스크(Спасск) 마을에서 태어났다. 타시켄트 섬유연구소를 졸업했다(1954년). 알말르크(Ламалык) 광업 및 금속 콤비나트에서(수석 기술자, 설계자, 기계 분야 지도자) 일했다.

소련공산당 알말르크 시위원회 생산수송국장을 역임했고(1964), 타시켄트주 소련공산당 주 위원회 지도자(1971), 우즈베키스탄의 자동차 수송부 장관, "우즈브토르쯔베트메트(Узвторцветмет)" 수리-생산협회 회장을 역임했다(1976). "명예 징표" 훈장과 메달들을 받았다. 우즈베키스탄의 명예 자동차 수송원이다. 우즈베키스탄 고려인문화센터 노인위원회 부의장이다.

◎ 리 표도르 세르게예비치(Ли Федор Сергеевич)[107]

1932년에 연해주의 올긴 지역 미하일로프카(Михайловка) 마을에서 태어났다. 모스크바 수의학 아카데미를 졸업했다(1956). 1966년부터 쿠바이사이(Кувайсай) 양계장(페르간주) 지도자였으며, 1987년부터 공장으로 전환한 이후 부이바이사이 양계연합 총회장을 역임했다.

동시에 주위원회 대의원으로 선출되었다.

시월혁명과, 붉은 노동 징표 훈장과 메달들을 받았다.

---

106) "니콜라이 세르게에비치 리 – 우즈베키스탄 고려인문화센터 노인위원회 부의장"//우리의 영웅, 제1권, 타시켄트, 2006, 262~263쪽.
107) 김 Б., "우즈베키스탄의 고려인들. 누가 있는가". 타시켄트, 1995. 75쪽.

◎ 박 블라디미르 이레노비치
(Пак Владимир Иренович, 1947-1995)[108]

구리예프주에서 태어났다. 치르칙 시위원회의 대의원으로 선출되었다.

타시켄트 정치기술 연구소를 졸업하고(1972), 우즈베키스탄의 내화성 및 내열성 금속 콤비나트에서 부감독, 기술자, 기술 감독, 수석 엔지니어를 역임했고, 1990년부터 사장으로 일했다.

기술학 박사학위를 받았다(1990).

◎ 박 니콜라이 이바노비치(Пак Николай Иванович)[109]

1923년에 연해주의 보로디노(Бородино) 마을에서 태어났다.

타시켄트주의 주의회 제3차 대회 대의원이었다.

타시켄트 농업연구소를 졸업하고 1955년부터 "부존느이(Будённый)" 집단농장의 부회장으로, 1962년부터 "자랴 꼼무니즈마(공산주의의 새벽, Заря коммунизма)" 집단농장에서, 1992년부터 쿠이치르칙(Куйичирчик) 지역의 "굴리스탄(Гулистан)" 집단농장에서 부회장을 역임했다. 1964~1988년 "승리" 집단농장의 회장이었다.

두 번의 붉은 노동 징표 훈장과 두 번의 "명예" 훈장, 그리고 여타 메달들을 받았다.

---

108) 김 Б., "우즈베키스탄의 고려인들. 누가 있는가". 타시켄트, 1995. 86쪽.
109) 김 Б., "우즈베키스탄의 고려인들. 누가 있는가". 타시켄트, 1995. 89쪽.

◎ 정 해균 토라노비치(Тен Хай-Гюн Торанович)[110]

1922년에 연해주의 수찬 지역 타우디미(Таудими) 마을에서 태어났다. 타시켄트 법률연구소를 졸업했다(1948).

나망간주의 투락쿠르간(Туракурган) 지역에서 검사와 지역 수리조합 의장, 당의 제2서기, 지역집행위원회 의장을 역임했다. 자다린(Задарьин) 지역의 "굴바흐(Кульбах)" 집단농장의 회장을 역임했다. 1968~1975년에 나망간 주집행위원회 제1부회장으로, 1982년까지 우즈베키스탄 과일야채 생산 제1차관을 역임했다. 1983~1989년에 우즈베키스탄 내각 위원회 산하 국가시장경제위원회 의장을 역임했다. 은퇴할 때까지(1992) 우즈베키스탄 최고위원회 의장과 서기를 역임했다.

공화국의 고려인문화센터 설립에 조직위원회 위원으로 활동했으며, 삶의 말년에 우즈베키스탄의 고려인문화센터 노인위원회 상임위원회의 회원이었다.

레닌 훈장과 4번의 붉은 노동 징표 훈장을 받았다. 우즈베키스탄 최고위원회 제6차, 7차, 8차, 12차 대의원으로 선출되었다.

◎ 최 레미르 발렌티노비치
(Цой Ремир Лалентинович, 1935-1996)[111]

연해주의 우수리스크시에서 태어났다. 제1공장 국립대학교를 졸업했다. 치틴주(Читин) 당의 지질학자와 국장, 콕포탑(Кокпотав)과 사마르칸드의 지질탐사 대표 지질학자로 일했다.

---

110) 김 Г.С., "해균 토라노비치 정 – 우즈베키스탄의 고려인문화센터 노인회 상임위원회 회원, 1922년생, 연해주의 수찬 지역 타우디미 마을 출신"//우리의 영웅, 제1권, 타시켄트, 2006, 142~149쪽; 김 Б., "우즈베키스탄의 고려인들. 누가 있는가". 타시켄트, 1995. 102~103쪽.

111) 허가이 С.И., "레미르 발렌티노비치 최(1935~1996)"// 우리의 영웅, 제1권, 타시켄트, 2006, 186~201쪽.

1969~1990년에 사마르칸드 생산 지질 연합 부총회장과 지질학자 대표를 역임했다.

우즈베키스탄 지질 지하자원 국가위원회 부의장(1990~1997), 지하 예비유용자원 국가위원회 의장이었다.

우즈베키스탄 공화국의 명예지질학자였다. 소련 국가 상 수상자 (1986)이다.

◎ 허가이 알렉세이 이바노비치
(Хегай Алексей Иванович, Хо Га И, 1908-1953)[112]

1908년 3월 18일 하바롭스크에서 태어 났다. 1924년에 콤소몰에 가입했고, 1930년 12월에 당에 가입했다. 곧이어 허가이는 전 문적인 콤소몰 활동가가 되었다.

1933 5월에 키네쉬마(Кинешма)시로 옮겨갔고(모스크바에서 수백킬로미터 떨어 진 곳의 지역 중심지), 거기에서 1934년 9월 까지 지역 콤소몰 위원회 제2서기로 일했 다. 1934년 9월에 모스크바로 가서 스베르들로프 전공산주의 농업경제 대학에서 공부했다. 1935년 7월 10일 "가족 문제로" 대학에서 퇴학당 했다. 극동으로 돌아와 거기에서 중요한 콤소몰 활동가가 되었다.

1936년 2월부터 아무르주 콤소몰 조직의 조직국장을 역임했다. 1936년 말부터 포시에트 지역 콤소몰 제1서기였다. 6개월 후 포시에트 지역에서 지역공산당 제2서기가 되었다.

---

112) 랑코프 А.Н., "조선민주주의인민공화국 어제와 오늘. 북한의 비공식적인 역사". 모스크바, 2005년. 201~221쪽.

1937년에 그 스스로 "인민의 적들과 내통한" 문제로 당에서 추방되었다. 바로 그해 강제이주 과정에서 중앙아시아로 이주 당했다. 자신의 가족과 함께 얀기율(Янгиюл)시로 이주 당했다. 1939년에 공산당에 복당했다. 얀기율에서 지역공산당 서기의 조력자로, 지역 공산당 지도자로, 조직국장으로, 그리고 1941년 여름부터 지역공산당 제2 서기로 활동했다. 1941년 말에 하-치르칙 지역으로 이주해서 거기에서 공산당 지역 공산당의 제2서기가 되었다. 1943년 파르하드 수력발전소 당위원회의 부서기가 되었다. 1944~1945년 겨울에 타시켄트 근교 고려인 마을의 수력발전소 건설을 지도했다.

1945년 가을에 군인이 되어 소비에트 고려인 집단과 함께 평양으로 갔다. 북조선민주주의인민공화국의 최고지도자 중의 한 명이 되었다: 북조선노동당 정치국 성원이 되었고, 중앙위원회 조직국의 국장이 되었으며, 북한의 조선노동당 제1부위원장이 되었다. 또한 중앙위원회 제1서기가 되었으며, 내각의 부총리가 되었다.

1953년 7월 2일 사망했다. 공식적인 보도에 따르면 허가이는 자살로 생을 마감했다. 그러나 대부분의 전문가들은 암살당했다고 생각하는 경향이 있다.

◎ 황만금(Хван Ман Гым, 1921-1997)[113]

우즈베키스탄 공산당 중앙위원회 위원이자 우즈베키스탄 최고위원회 회장이며 우즈베키스탄 최고 위원회 제6차 대회 대의원을 역임했다.

연해주의 블라디보스토크에서 태어났다. 얀기율 목화공장의 조달담당으로 일했으며 타시켄트 철도 자회사의 대표, "레닌의 길(레닌스키

---

113) 김 Б., "우즈베키스탄의 고려인들. 누가 있는가". 타시켄트, 1995. 111쪽.

푸티, Ленинский путь)" 집단농장의 회장, 상-치르칙 지역당의 국장을 역임했다. 1960년 소련공산당 중앙위원회 산하 상급 당학교를 졸업했다.

1953년에 타시켄트주 상-치르칙 지역의 "폴리트옷젤" 집단농장에 들어갔다. 그의 지도하에 집단농장은 소련에서 가장 높은 생산과 수익을 올리는 집단농장 중의 하나가 되었다.

사회주의 노동영웅(1957년)과, 소련의 내각에서 수여하는 상을 수상하였다(1983).

세 번의 레닌 훈장과 시월혁명 훈장, 그리고 기타 메달들을 수상했다.

"목화 문제"라 불리던 시기에 황만금은 부당하게 체포되어, 재판없이 3년 6개월 동안 구금되었다. 1991년에 법원은 그에 대한 모든 비난을 철회하고 완전히 복권했다.

말년에 "폴리트옷젤" 집단농장의 명예회장을 역임했다.

5. 농업 분야의 고려인들

1) 역사적 배경

우즈베키스탄에 130명이 넘는 고려인들이 농업분야에서 뛰어난 업적을 올린 대가로 소련에서 가장 높은 "사회주의 노동영웅" 칭호를 받았다. 수백 명이 다양한 훈장과 메달, 그리고 명예 칭호를 받았다.

고려인들의 집단 농장원들이 달성한 높은 수확은 그들의 전통적인 작물들(벼, 콩, 기타)뿐만 아니라 목화분야도 포함되었다.

또한 고려인들은 밀, 사탕무, 감자, 전규(кенаф), 양파, 멜론 등에서도 기록적인 수확을 달성했다.

박광옥(Пак Гван Ок)
부덴노보 집단농장의 반장으로 높은 벼 수확을 올려 1949년에 사회주의 노동영웅 칭호를 받았다.

농업분야에서 고려인들의 조직적인 능력은 중앙아시아 국가들에서 수십 개의 집단농장과 협동농장들이 고려인들이 실질적으로 지도할 정도였다. 또한 고려인들은 지역이나 주, 공화국, 그리고 전체 소련의 단위에서 농업분야에서는 고위 직책을 역임했다.

여기에서 고위직책들은 예를 들어, 우즈베키스탄 어업분야 국가위원회 의장(X.T. 정), 우즈베키스탄의 식량부 차관(Н.Д. 정), 우즈베키스탄의 과일 야채부 차관(X.T. 정), 우즈베키스탄의 국가양봉협회 회장(М.И. 윤), 카라칼팍의 농업부 알곡작물분과 과장(Н.Н. 장)과 그 외 다수가 있다.

고려인들 – 사회주의 노동영웅들

1968년 전규 수확, 타시켄트주

스베르들로프 집단농장에서 파종

2) 인물들

◎ 김광택(Ким Гван Тхэк, 1898-1957)[114]

조선에서 태어났다(함경북도 지방). 모스크바에서 군사-정치과정을 졸업했다. 노동자-농민-붉은군대의 소대 정치위원으로, 교육대대 부사령관으로 근무했다. 소련의 블류헤르(Блюхер) 원수 시계를 하사받았다.

제대한 후 연해주에 있는 어업협동조합에서 일했다. 우즈베키스탄으로 강제이주 당한 후 협동조합은 타시켄트주의 중-치르칙 지역에서 집단농장으로 변모했다. 김광택은 1937~1944년, 그리고 1949~1950년 집단농자의 행정을 주도했다. 또한 "스탈린 헌법(Сталинская конст

---

114) 김 Б., "우즈베키스탄의 고려인들. 누가 있는가". 타시켄트, 1995. 45쪽.

итуция)" 집단농장의 회장을 역임했다.

1946~1948년에 "선봉" 집단농장에 주재했던 주 고려인극장 극장장이었다.

◎ 김 드미트리 알렉산드로비치
(Ким Дмитрий Александрович, 1918-1986)[115]

1918년 연해주의 포시에트 지역 하-얀치헤(Нижняя янчихэ) 마을에서 태어났다. 톰스크 밀가루연구소 노동학교를 졸업했다.

1937년에 강제이주를 당한 후 타시켄트주 상-치르칙 지역의 스베르들로프 집단농장에서 경리와 부회장으로, 그리고 1945년부터 은퇴할 때까지 회장으로 일했다. 드미트리 알렉산드로비치 김의 지도하에 집단농장은 케나프와 살, 면화, 곡물, 가축 등의 수확에서 높은 성과를 올렸다. 22명의 집단농장원들이 사회주의 노동영웅 칭호를 받았다.

사회주의 노동영웅(1951년)과 "우즈베키스탄의 명예 면화재배자"로서 레닌 훈장과 붉은 노동 뱃지, "명예 칭호" 등의 훈장들과 메달들을 받았다. 그는 여러 차례에 걸쳐 주의회와 지역 소비에트의 의원으로 선출되었다.

---

115) 리 И.И., "드미트리 알렉산드로비키 김 – 유코치르칙 지역의 아르마다 야싸비 집단농장의 전임 의장"//우리의 영웅, 제1권 타시켄트, 2006, 110~121쪽; 김 Б., "우즈베키스탄의 고려인들. 누가 있는가". 타시켄트, 1995. 47쪽.

◎ 김영철(Ким Ен Чер)[116]

1914년 11월 7일 연해주의 수찬시에서 태어났다. 1937년에 가족과 함께 우즈베키스탄으로 강제이주 당했다.

타시켄트주 상-치르칙 지역의 "프라브다" 집단농장과 베카바드(Бакабад) 지역의 "이스크라(Искра)" 집단농장에서 부회장으로 일했다.

붉은 노동 뱃지와 "인민친선", "명예칭호" 훈장과 여러 메달을 받았다. 자체적으로 만들어진 아마추어 고려인 극장들에서 극작가로 활동했다.

◎ 김 니콜라이 바실리예비치 (Ким Николай Васильевич, 1904-1988)[117]

1904년에 연해주의 시넬니코보(Синельниково) 마을에서 태어났다. 군 복무를 했고(1926~1928), 주의 당학교에서 공부했으며, 당 기관에서 일했다.

강제이주를 당한 후 호레즘주의 당 기관에서 일했으며 "우즈베키스탄농업기술자(Узсельхозтехника)"의 주 농업 기관과 주 연합을 지도했다. 25년 동안 한카이(Ханкай)지역의 알-호레즘(Аль-Хорезм) 솝호즈에서 대표로 일했다. 김 니콜라이 바실리예비치 지도하에 솝호즈는 우즈베키스탄에서 대표적인 벼재배 기관이 되었다.

그는 지역 소비에트와 주 소비에트의 대의원으로 여러 차례에 걸쳐 선출되었으며, 또한 우즈베키스탄 최고소비에트 11차 대회에 대의원으로 선출되었다. 레닌, 10월혁명, 인민 친선 훈장을 받았으며, 4 차례에 걸쳐 "명예칭호" 훈장을 받았고, 여러 다른 메달들을 받았다.

---

116) 김 Б., "우즈베키스탄의 고려인들. 누가 있는가". 타시켄트, 1995. 48쪽.
117) 김 Б., "우즈베키스탄의 고려인들. 누가 있는가". 타시켄트, 1995. 54쪽.

◎ 김병화(Ким Пен Хва, 1905-1974)[118]

농업의 저명한 지도자.

1905년에 차피고우(Чапигоу) 마을에서 태어났다. 내전 시기에 일본 간섭군에 대항한 전투에 참여했다. 모스크바 군사 보병학교를 졸업했다(1932). 카잔의 26보병 사단 76보병 연대의 중대장을 역임했다. 1937년에 그는 군인으로서의 계급을 박탈당하고, 군인 카드를 압수당하고, 체포되었다.

1939년에 복권되어 군대에서 제대한 후 우즈베키스탄으로 이주했다. 1940년에 타시켄트주의 "북극성" 집단농장을 이끌었다. 그의 지도

---

118) 정 E., "김병화에 관한 전설", 타시켄트, 2005, 136쪽;

로 집단농장은 매우 높은 생산성을 보이는 곳이 되었고, 소련에서 뛰어난 곳 중의 하나가 되었다. 1949년부터 1957년까지 "북극성" 집단농장에서 26명의 집단농장 일꾼들이 사회주의 노동영웅 칭호를 받았다. 그러한 예는 소련에서 이곳이 유일하다.

두 번의 사회주의 노동영웅 칭호를 받았다(1949년과 1951년 소련 최고위원회 결정). 4번의 레닌 훈장과 10월혁명 훈장, 붉은 뱃지 노동훈장(2회), "명예 징표"와 여타 많은 메달을 받았다. 우즈베키스탄의 명예 목화 재배자 칭호를 받았다(1964).

우즈베키스탄 최고위원회 2~7차 대회의 대의원이었다.

◎ 리 류보비(Ли Любовь)[119]

1924년 연해주의 부덴노보 지역에서 태어났다.

1962~1970년에 소련 최고위원회 의원을 역임했다.

타시켄트주의 "폴리트옷젤" 집단농장에서 옥수수재배 브리가다의 책임자였다. 옥수수 재배에 뛰어난 성공을 달성했다. 타시켄트 농업연구소를 졸업했다(1970).

사회주의 노동영웅이다(1962). 1962~1970년에 소련최고소비에트 대의원이었다.

---

119) 김 Б., "우즈베키스탄의 고려인들. 누가 있는가". 타시켄트, 1995. 73쪽.

"폴리트옷젤" 집단농장에서 최초의 우주비행사 유리 가가린(Юрий Гагарин)과 함께. 유리 가가린(가운데) 리 류보비(유리 가가린의 오른쪽)

"폴리트옷젤" 집단농장에서 파키스탄 대표단과 함께. 집단농장 회장 황만금, 파키스탄 대통령 무하메드 아이유드 한(Мухаммед Айюб Хан), 집단농장 작업반원 리 류보비, 우즈베키스탄 CM 의장 쿠르바노프(Курбанов). 1962년.

◎ 림명극(Лим Мен Гык, 1905-1975)[120]

조선에서 태어났다. 강제이주 이주에 가족은 나망간주의 슈르키키 슈락(Шуркикишлак) 마을에 정착했다.

저명한 농업인으로, 나망간주 자다린 지역의 "기간트(Гигант)" 고려인 집단농장의 회장이었다.

사회주의 노동영웅(1957)이었다. 김명극의 지도하에 집단농장은 농업분야에서 높은 수확을 올렸다.

◎ 리 표도르 세르게예비치(Ли федор Сергеевич)[121]

1932년에 연해주의 올긴 지역 미하일로프카(Михайловка) 마을에서 태어났다. 모스크바 수의학 아카데미를 졸업했다(1956).

그는 가축 실험국의 책임자로 일했고(비로비잔, Биробиджан), 페르간주의 일련의 농업과 국가기관들에서 최고 축산 전문가였다.

1966년부터 쿠바이사이(Кувайсай) 양계장(페르간주) 지도자였으며, 1987년부터 공장으로 전환한 이후 쿠바이사이 양계연합 총회장을 역임했다.

시월혁명과, 붉은 노동 징표 훈장과 메달들을 받았다.

동시에 주위원회 대의원으로 선출되었다.

◎ 리춘백(Ли Чун Бяк)[122]

1912년 블라디보스토크에서 태어났다. 타시켄트 사범대학을 졸업

---

120) 차(Цай) А., 림명극-나망간주 "기간트" 집단농장의 전임 회장(1905~1975)// 우리의 영웅 제1권, 타시켄트, 2006, 122~125쪽.
121) 김 Б., "우즈베키스탄의 고려인들. 누가 있는가". 타시켄트, 1995. 75쪽.
122) 김 Б., "우즈베키스탄의 고려인들. 누가 있는가". 타시켄트, 1995. 75쪽.

했다(1942년). 중-치르칙 지역의 "극동" 집단농장에서 학교 교장과 같은 집단농장에서 당조직원으로 일했다.

1945년에 조선으로 가서 국가기관원 준비대학에서 가르쳤고, "조선신문(Корейская газета)(소련군의 연해주군관구 기관)" 일꾼으로, 평양에서 군사정치학교 정치분과 책임자로 일했다. 한국전쟁에 참전하여 육군소장으로 북한인민군 제46군 부대장이었다. 북한인민군 제7군단 부단장으로 군사위원이었다.

소련으로 돌아와 타시켄트 고등 당학교를 졸업하고, 카라칼팍(Каракалпак) 자치공화국 쿤그라드(Кунград) 지역의 "알틘쿨(Алтынкуль)" 솝호즈의 회장으로 임명되었다. 소련과 북한, 몽골에서 훈장과 메달을 받았다.

◎ 남흥준(Нам Хын Дюн)[123]

1912년에 우수리주의 차피고우 마을에서 태어났다. 하바롭스크 고등농업학교를 졸업했다(1935). 강제이주 이후 1937년부터 1966까지 호레즘주 구를렌 지역의 스탈린 집단농장의 부회장과 회장을 역임했다.

레닌 훈장과 붉은 노동징표 훈장을 받았고, 다섯 번의 메달을 받았다. 구를렌 지역에 그의 이름을 딴 학교가 있다. 우즈베키스탄의 명예 면화 재배자 칭호를 받았다.

---

123) 김 Б., "우즈베키스탄의 고려인들. 누가 있는가". 타시켄트, 1995. 80쪽.

◎ 노병인(Но Бен Ин)[124]

1922년에 연해주에서 태어났다. 타시켄트 농업연구소를 졸업하고 (1946), 안디잔(Андижан)주 이즈바스칸(Избаскан) 지역의 "10월 50주년(50 лет Октября)" 솝호즈에서 최고 축산 전문가로 일했다. 붉은 징표 훈장과 "인민친선" 훈장, 그리고 우즈베키스탄 명예 축산 전문가 칭호를 받았다(1972).

◎ 박이춘(Пак И Чун, 1904-1974)[125]

조선에서 태어났다. 극동변강주 소비에트-당 학교를 졸업했다 (1932). 우수리스크 지역의 "푸찔롭카(Пуциловка)" 집단농장의 조직자 중의 한 명이자 초대 회장을 역임했다.

우즈베키스탄으로 강제이주 당한 후 "스탈린" 집단농장의 지도자였다. 호레즘주 구를렌 지역의 "굴리스탄" 집단농장과 "얀기아바드(Янгиабад)" 솝호즈 지도했다. 레닌 훈장을 받았다.

◎ 박경조(Пак Кен Чжо, 1886-1962)[126]

유명한 "경조(кенчжо)" 품종을 만든 인민 개종자이다. 조선의 농민이었다. 1925년에 우즈베키스탄으로 이주해서 나중에 "폴리트옷젤" 집단농장으로 바뀐 "일심(Ирсим)" 농업협동조합을 조직했다. 그의 이름이 붙은 벼 품종인 "폴리트옷젤 경조"는 맛과 품질에서 비교할 대상이 없다.

---

124) 김 Б., "우즈베키스탄의 고려인들. 누가 있는가". 타시켄트, 1995. 81쪽.
125) 김 Б., "우즈베키스탄의 고려인들. 누가 있는가". 타시켄트, 1995. 88쪽.
126) 김 Б., "우즈베키스탄의 고려인들. 누가 있는가". 타시켄트, 1995. 88쪽.

◎ 박 니콜라이 이바노비치(Пак Николай Иванович)[127]

1923년에 연해주의 보로디노(Бородино) 마을에서 태어났다. 타시켄트 농업연구소를 졸업하고 1955년부터 "부존느이" 집단농장의 부회장으로, 1962년부터 "자랴 꼼무니즈마" 집단농장에서, 1992년부터 쿠이치르칙(Куйичирчик) 지역의 "굴리스탄" 집단농장에서 부회장을 역임했다. 1964~1988년 "승리" 집단농장의 회장이었다.

두 번의 붉은 노동 징표 훈장과 두 번의 "명예" 훈장, 그리고 여타 메달들을 받았다.

타시켄트주의 주의회 제3차 대회 대의원이었다.

◎ 황만금(Хван Ман Гым, 1921-1997)[128]

연해주의 블라디보스토크에서 태어났다. 우즈베키스탄으로 강제이주 당한 후 얀기율 목화공장의 조달 담당으로 일했다. 그리고 타시켄트 철도 자회사의 대표, "레닌의 길" 집단농장의 회장, 상-치르칙 지역당의 국장을 역임했다. 1960년 소련공산당 중앙위원회 산하 상급당학교를 졸업했다.

1953년에 타시켄트주 상-치르칙 지역의 "폴리트옷젤" 집단농장에 들어갔다. 그의 지도하에 집단농장은 소련에서 가장 높은 생산과 수익을 올리는 집단농장 중의 하나가 되었다. 수십 년 동안 집단농장은 과학-기술 발전의 선봉에 서 있었다. 집단농장 주

---

127) 김 Б., "우즈베키스탄의 고려인들. 누가 있는가". 타시켄트, 1995. 89쪽.
128) 김 Б., "우즈베키스탄의 고려인들. 누가 있는가". 타시켄트, 1995. 111쪽.

소련공산당 중앙위원회 제1서기 흐루쇼프(Н.С. Хрущев)의 "폴리트옷젤" 방문〉

소련공산당 중앙위원회 총서기 브레즈네프(Л.И. Брежнев)의 "폴리트옷젤" 방문

베트남의 지도자 호치민(Xo Ши мин)의 "폴리트옷젤" 방문

민들의 복지 수준, 문화 발전,
교육, 보건, 스포츠 등은 소련
의 중간 지표를 크게 초과했다.

우즈베키스탄 공산당 중앙
위원회 위원이자 우즈베키스탄
최고위원회 회장이며 우즈베키
스탄 최고 위원회 제6차 대회
대의원을 역임했다.

사회주의 노동영웅(1957년)
과, 소련의 내각에서 수여하는
상을 수상하였다(1983).

세 번의 레닌 훈장과 시월혁명 훈장, 그리고 기타 메달들을 수상했다.

"목화 문제"라 불리던 시기에 황만금은 부당하게 체포되어, 재판없이 3년 6개월 동안 구금되었다. 1991년에 법원은 그에 대한 모든 비난을 철회하고 완전히 복권했다.

말년에 "폴리트옷젤" 집단농장의 명예회장을 역임했으며, 우즈베키스탄의 고려인문화센터 일에 적극적으로 참여했다.

6. 공업과 건설 분야 고려인들

1) 역사적 배경

농업의 발전과 함께 고려인들은 중앙아시아 국가들의 여타 경제 분야에 상당한 기여를 했다. 그들은 국가의 중요한 산업 협회를 주도하고, 국가 기관의 다양한 분야에서 고위직을 차지했다.

또한 고려인들은 많은 기업의 대표를 맡았다: 알말르크(Алмалык) 금속 구조물 공장(Ф.М. 김), 안디잔의 "이르마크(IrMach)" 공장(В.Г. 박), 아한가란(Ахангаран) 건설 플라스틱 공장(Л.Х. 백), 마르길란(Маргилан) 금속제품 공장(М.Ч. 김), 누쿠스(Нукусс) 무알콜 음료 및 맥주 공장(В.М. 김), 타시켄트 골재 공장(Э. В. 정), 타시켄트 스포츠 용품 공장(장학봉), 타히아타슈(Тахиаташ) 건설 장비 수리 및 기계 공장(Н. Д. 채), 토이-테핀(Той-Тепин) 금속 장비 공장(В. В. 신), 우즈베키스탄 내화 및 내열성 금속 콤비나트(В. И. 박), "흘로프코마슈(Хлопкомаш)" 공장(В. А. 천)과 기타 등이다.

2) 인물들

◎ 강 파벨 하리토노비치
   (Кан Павел Харитонович, 1931-1996)[129]

1931년 11월 7일 하바롭스크주의 이만(Иман) 마을에서 태어났다. 1937년에 가족과 함께 우즈베키스탄으로 강제이주 당했다.

1954년에 오데사 유압공학연구소 분교를 졸업하고, 일을 계속하면서, 1976년에 타시켄트 인민경제 연구소를 졸업했다.

1954~1957년에 카라칼팍 건설 트러스트 №1 СМУ의 반장과 다음에 참여 건설자들의 감독, 대표 기술자, 대표를 역임했다.

1957~1962년에 지작(Джизак)시의 №6 СМУ의 참여 대표였다. 그 다음에 지작 건설 장비 및 기계 콤비나트의 자본건설 분과 장과 조합장을 역임했다.

1962~1977년에 철근 콘크리트 제품 얀기예르 콤비나트의 대표를 역임했다.

1976년에 "중앙아시아 솝호즈 건설(Средазирсовхозстрой, 중앙아시아 솝호즈 건설 및 관개 시설 기구)" 생산 부대표를 역임했다. 1977~1980년에 "지작스텝건설(Джизакстепстрой)" 대표를 역임하고, 1980~1984년에 "전중앙아시아솝호즈 건설(Главсредазирсовхозстрой)" 제1 부대표를 역임했다.

기술학 박사(1982년)이다. "토지개량 건설을 위한 콘크리트" 저서의 저자이다. 중앙아시아의 사막 지대의 통합 개발을 위한 방법 개발 및 구현으로 소련의 국가상을 수상했다(1983년)

---

129) 림 М.С., 파벨 하리토노비치 강-건설인, 황무지 개척자, 기술학 박사// 우리의 영웅 제1권, 타시켄트, 2006, 86~93쪽.

소련이 해체된 이후 고려인 운동에 적극적으로 참여하여 "고려인연합(АСОК)-국제고려인연합(МКА) 통일(Единство)"("범민련")의 부의장과 의장을 역임했다. 북한으로부터 "한국통일" 메달을 받았다.

◎ 리 니콜라이 세르게예비치(Ли Николай Сергеевич)[130]

1931년 극동의 스파스크(Спасск) 마을에서 태어났다. 타시켄트 섬유연구소를 졸업했다(1954년). 알말르크(Ламалык) 광업 및 금속 콤비나트에서(수석 기술자, 설계자, 기계 분야 지도자) 일했다.

소련공산당 알말르크 시위원회 생산수송국장을 역임했고(1964), 타시켄트주 소련공산당 주 위원회 지도자(1971), 우즈베키스탄의 자동차 수송부 장관, "우즈브토르쯔베트메트(Узвторцветмет)" 수리-생산협회 회장을 역임했다(1976).

"명예 징표" 훈장과 메달들을 받았다. 우즈베키스탄의 명예 자동차 수송원이다. 우즈베키스탄 고려인문화센터 노인위원회 부의장이다.

◎ 박 블라디미르 이레노비치 (Пак Владимир Иренович, 1947-1995)[131]

구리예프주에서 태어났다. 치르칙 시위원회의 대의원으로 선출되었다.

타시켄트 정치기술 연구소를 졸업하고(1972), 우즈베키스탄의 내화성 및 내열성 금속 콤비나트에서 부감독, 기술자, 기술 감독, 수석 엔지니어를 역임했고, 1990년부터 사장으로 일했다.

기술학 박사학위를 받았다(1990). 치르칙시 소비에트의 대의원으로 선출되었다.

---

130) "니콜라이 세르계에비치 리 – 우즈베키스탄 고려인문화센터 노인위원회 부의장"//우리의 영웅, 제1권, 타시켄트, 2006, 262~263쪽.
131) 김 Б., "우즈베키스탄의 고려인들. 누가 있는가". 타시켄트, 1995. 86쪽.

7. 학문과 교육분야 고려인들

1) 역사적 배경

학문과 교육 분야에서 우즈베키스탄의 고려인들은 인상 깊은 층위를 형성했다. 그들 중에서 우즈베키스탄 공화국의 학자와 우즈베키스탄 과학아카데미의 회원들은 대학의 총장, 부총장, 학장 학과장들과, 연구소와 실험실의 소장과 부소장, 분과장, 서기 등등과, 초등학교와 중등학교의 교장 등이었다.

최초의 고려인 논문은 이미 1950년대 초에 나왔다. 고려인들은 박사학위(PhD), 명예박사 등의 학위를 받았다. 그 분야를 보면, 물리학, 수학, 지질학, 공학, 농업, 수의학, 지리학, 화학, 생물학, 의학, 약학, 철학, 역사학, 경제학, 정치학, 법학, 언어학, 교육학, 예술 분야 등 매우 다양하다. 우즈베키스탄의 고려인 학자 명부에 따르면, 300명이 넘는 우즈베키스탄의 고려인들이 박사학위를 받았다.

2) 인물들

◎ 김병수(Ким Бен Су, 1912-1982)[132)]

■ **김병수 자서전에서(1956년):**

"나 김병수는 1912년에 연해주의 슈코토보(Шкотово) 지역에 있는 포두슈카(По

---

132) 당신의 이름은 교사입니다//우리의 영웅, 제4권, 타시켄트, 2015, 34~38쪽.

душка) 마을에서 태어났다. <...> 여섯 살 때부터 할아버지에게 배우기 시작했다. 그래서 1923년에 신한촌(Синхенчон)의 초등학교 2학년으로 곧바로 입학했다. 4년 뒤에 푸찔로프카 학교의 학생이 되었고 (Пуциловка ШКМ), 그 학교를 졸업하고 교사가 되기 위한 초급반에 입학했다. 그리고 그 학교에서 일하게 되었다. 1931년 겨울에 체르니고프카(Черниговка) 마을의 공장 산하에 개원한 농업연구소 예비반의 입학을 허가받았다. 과정을 마친 후 블라고베셴스크(Благовещенск)에 있는 농업연구소에서 학업을 계속했다.

1933년 봄에 질병으로 휴학을 했다 <...>. 나는 더 이상 연구소로 되돌아갈 수 없어서 블라디보토크에 있는 중등학교 교사 예비과정에서 학업을 계속했고, 가을에 나는 신한촌 마을의 초등학교 교장으로 임명되었다. 1934년 10월부터 1935년 1월까지 체르니고프(Чернигов) 지역의 플레곤토프(Флегонтов ШКМ) 학교의 초등학교 선생으로 일했다. 가을에 블라고베셴스크시에 있는 극동사범대학 문학부에 입학했다.

1937년에 <...> 타시켄트주로 이주했고, 거기에서 곧바로 타시켄트 사범대학에서 학업을 계속했다. 그곳을 1940년에 마친 후 중등학교에서 러시아어와 문학을 강의했다.

1949년 8월에 <...> 나는 사범대학(НИИ педнаук)으로 옮겼다. 그곳은 고려인들이 집단적으로 거주하는 곳으로 그곳에서 젊은 연구원으로 학교 업무를 맡았다<...>. 1951년 10월에 사할린주에서 자원봉사를 할 사람들을 모집하는 발표가 났을 때 지원서를 쓰기로 결정했다. 교사로 일했으나 1년 후에 사할린주 교육청은 나를 한인학교 지도자로 발령을 내렸다. 1952~1953년에 나는 남 사할린 중학교에서 러시아어와 한국어의 교감 및 교사로 일했다. 6개월의 휴가를 얻은 나는 모스크바로 가서 1954년 6월에 동방학 연구소에서 "현대 한국어 술어"라는

김병수(가운데) - 한국어과 학생들과 함께

한국어과 교수들 - 김병수, В.Ф. 강(왼쪽에서 세 번째), 그리고 허웅배(오른쪽에서 두 번째)

주제로 박사학위(кандидат)를 받았다.

중학교에서 일을 계속하던 그 때, 견습 활동으로 퇴직해야만 했다. 자유로운 시간이 생겨서 "한국어 통사론"으로 박사후(доктор)논문을 준비했다.

<...> 1956년에 가족과 함께 우즈베키스탄으로 돌아와 자신이 언젠가 졸업한 타시켄트 사범대학에서 한국어를 가르치기 시작했다. 한국어와 문학과 제1 학과장이 되었다."

◎ 김 블라디미르 알렉세예비치
(Ким Владимир Алексеевич)[133]

교육학 박사이다(1980). 논문주제는 "삼보와 유격에서 반격자세"이다. 우즈베키스탄 민족 무술인 쿠라샤(кураша) 교본의 저자이다. 타시켄트 체육 연구소의 무술학과 교수로 일했다.

1931년에 야쿠치아 자치공화국 알다네시에서 태어났다. 모스크바와 카자흐스탄 체육 연구소에서 배웠다.

또한 카자흐스탄과 우즈베키스탄의 삼보 챔피언이기도 했다. 각 공화국의 감독으로 일했다(1978년). 삼보와 유도의 국제심판이었다.

우즈베키스탄에서 한국의 전통 무술인 씨름을 부활시켰다. 우즈베키스탄 씨름협회 부회장이었다.

◎ 김 블라디미르 바실리예비치
(Ким Владимир Васильевич)[134]

1929년에 하바롭스크주의 비킨(Бикин) 지역에서 태어났다. 1937년에 우즈베키스탄 타시켄트주의 하-치르칙 지역으로 강제이주 당했다. 1942년에 가족이 카자흐스탄으로

133) 김 Б., "우즈베키스탄의 고려인들. 누가 있는가". 타시켄트, 1995. 43쪽.
134) Пак В.И., 블라디미르 바실리예비치 김-우즈베티스탄의 과학아카데미 회원, 경제학 박사, 교수, 우즈베키스탄 명예학자//우리의 영웅, 제1권, 타시켄트, 2006, 94~109쪽.

이주했다가 1944년에 우즈베키스탄으로 되돌아와 타시켄트주의 중-치르칙 지역에 정착했다.

타시켄트 재무-경제연구소를 졸업했다.

연구소를 졸업한 후 1950년부터 1953년까지 사마르칸드주의 소련 재무부 우즈베키스탄 감사관 및 감사로 일했다.

1953년에 타시켄트 재무-경제연구소 박사과정으로 입학했다. 1961년에 박사학위를 받았다. 1963년부터 1968년까지 농업경제학과 학과장을 역임했다. 1972년에 레닌그라드에서 박사후 학위를 받았다. 1973년에 교수 자격을 취득하고 1979년에 우즈베키스탄 과학아카데미 통신회원으로 선출되었다. 그 후에 4년 동안 과학아카데미의 철학, 경제학, 법학과의 학술 서기로 일했다.

1985년부터 타시켄트국립인민경제연구소 할술부총장으로 일했다. 2000년에 우즈베키스탄 과학아카데미 활동회원으로 선출되었다.

150권이 넘는 연구서를 저술한 학자이다. 러시아와 독일, 폴란드, 이집트, 터키, 우크라이나의 학술대회에 참여했다. 34명의 경제학 박사와 5명의 경제학 박사후의 지도교수였다. "우스베키스탄 명예학자"(1981), "우수고등교육자", "우수인민교육자"였다.

◎ 김정세(Ким Ден Ше)[135]

학교 교장이었다. 1918년에 연해주의 파블로보(Павлово) 마을에서 태어났다. 부하라와 타시켄트 사범대학에서 공부했다. 1942년부터 1977년까지 조선어 교사로 일했으며, 다음에 타시켄트주의 하-치르칙 지역에서 학교 교장으로 일했다.

---

135) 김 Б., "우즈베키스탄의 고려인들. 누가 있는가". 타시켄트, 1995. 47쪽.

우즈베티스탄과 카자흐스탄에서 발간된 시와 시 선집의 저자이며, 러시아어를 조선어로 번역하는 우즈베키스탄 작가연맹 회원이었다.

◎ 김문욱(Ким Мун Ук)[136]

1936년에 평안북도 지방에서 태어났다(북한). 평양정기술학교를 졸업했다(1963). 소련으로 와서 타시켄트 정치기술연구를 통신대학으로 졸업하고, 중앙아시아 학술연구 기획연구소에서 비철분야 담당으로 일했다. 우즈베키스탄 과학아카데미의 화학연구소에서 학과장으로 일했다.

기술분야 박사학위를 받았다(1986년). 논문의 주제는 "금광석의 액체비중측정법 개발 및 처리"이다.

1993년에 타시켄트국립동방학연구소 한국학과가 개원하면서 초청되었고, 한국학부 학장으로 오랫동안 일했다.

◎ 김 올가 미하일로브나 (Ким Ольга Михайловна, 1932-1990)[137]

1932년에 블라디보스토크에서 태어났다. 타시켄트국립대학교를 졸업했다. 학교에서, 부하라 사범대학에서 일했고, 다음에 타시켄트 구립대학교 현대러시아어 학과에서(조교, 조교수, 학과장, 교수) 일했다.

1964년에 "소련에서 고려인들의 러시아어 음성의 특징"으로 박사학위를 받았고, 1978년에 "현대 러시아어에서 음성과 표현

---

136) 김 Б., "우즈베키스탄의 고려인들. 누가 있는가". 타시켄트, 1995. 54쪽.
137) 김 Б., "우즈베키스탄의 고려인들. 누가 있는가". 타시켄트, 1995. 55쪽.

의 조화 수준에서의 전이"라는 주제로 박사후 학위를 받았다. 거의 60여 권의 전문서를 출판했고, 그중에 일부는 폴란드와 불가리아, 스위스에서 출간되었다.

◎ 김 표트르 게로노비치
(Ким Петр Геронович, 1933-2001)[138]

1933년에 연해주의 슈코토보(Шкатово)에서 태어났다. 모스크바 역사-문서연구소를 졸업했다(1957). 러시아 문서보관소들에서 일했다. 20년 넘게 우즈베키스탄 공산당 중앙위원회 산하 당역사연구소에서 일했다(소련이 해체된 이후 정치-사회연구소): 선임연구원, 부서장, 학술비서, 부소장.

1973년에 박사학위("투르케스탄에서 인민교육사 사료")를 받았고, 1983년에 박사후 "(투르케스탄 공산당사 사료학)" 학위를 받았다.

100권 이상의 연구서를 저술했다. "우즈베키스탄의 고려인들"의 저자이다(1993).

1991년부터 2000년까지 우즈베키스탄의 고려인문화센터 회장을 역임했다. 대한민국 대통령으로부터 "두스트리크(Дустлик)" 훈장과 명예 칭호를 받았다.

---

138) 김 В.Д., 표트르 게로노비치 김, 고려인문화센터 초대 회장, 역사학 박사, 교수(1933~2001)//우리의 영웅 제2권, 타시켄트, 2009, 109~113쪽; 김 Б., "우즈베키스탄의 고려인들. 누가 있는가". 타시켄트, 1995. 55쪽. (http://www.tashkentpamyat.ru/kim-petr-geronovich-uchenijj-istorikobshhestvennijj-dejatel-.html; https://ru.wikipedia.org/wiki/Ким,_Пётр_Геронович)

◎ 기세복(Ки Се Пок, 1913-1979)[139]

1913년 극동변강주 블라디보스토크 지역 네지노(Нежино) 마을에서 태어났다. 니콜스크-우수리스크 고려인 사범전문학교를 졸업하고 하바롭스크 공산당대학에서 편집과정을 마쳤다. 중등학교 교장으로 일했고, 극동국립출판사(Дальгиз- Дальневосточное государственное издательство)에서 조선어 교과서를 편집했으며, 고려인 사범대학에 입학했다.

1937년 강제이주 이후 학업을 계속해서 사마르칸드국립대학교를 졸업했다.

파스트다르곰 지역에서 학교 교장을 역임했다(사마르칸드주).

1945년 군대에 입대했다. 한국에서 소비에트 전쟁 행정부서의 통역군이었고, 후에 북한군 결성 작업에 군사정치학교 부책임자, 책임자로 참여했다. 조선노동당 중앙집행위원회(ЦК ТПК) 분과의 부과장이자 "노동신문" 편집장을 역임했다. 1951년에 문화선전부 부부장에 임명되었고, 2년 후에 북한의 외무부 부부장이 되었다. 그래서 그는 한국의 휴전에 관한 제네바회담에 참여했다. 군사아카데미의 부책임자와 기술도서 출판사 대표를 역임했다.

소련으로 돌아온 후(1957년) "레닌기치" 타시켄트 지국장을 역임했다. 소련과 북한에서 메달을 받았다.

◎ 고가이 니콜라이 안드레예비치
(Когай Николай Андреевич)[140]

1926년에 연해주의 우수리스크 지역에서 태어났다.

---

139) 김 Б., "우즈베키스탄의 고려인들. 누가 있는가". 타시켄트, 1995. 37쪽.
140) 리 В. 희망의 강변, 타시켄트, 2012, 129~133쪽.

전쟁 시기에 코미자치공화국에서 노동군으로 일했다. 중앙아시아국
립대학교를 졸업했다(1951). 1956년에 박사학위를 받았고, 1972년에
박사후 학위를 받았다. 1957년부터 타시켄트국립대학교에서 일했다
(1960년부터 조교수, 1974년부터 교수, 1977~1983년에 지리학부 학
장). 그 대학에서 일한 최초의 고려인이다. 150권이 넘는 연구서를 출
간했다. 우즈베키스탄의 명예학자이다.

◎ 리 빌로리 니콜라예비치
   (Ли Вилорий Николаевич, 1933-1991)[141]

1933년에 연해주에서 태어났다. 이바노프 사범대학을 졸업했다
(1951). 모스크바국립대학교에서 박사 과정을 다녔고, 우즈베키스탄
과학아카데미 러시아어와 문학 연구소에서 일했다. 언어학 박사이다
(1972). 주제는 "고려인문학에서 사회주의적 리얼리즘"이었다.

거의 40여 권의 연구서를 저술했다.

---

141) 김 Б., "우즈베키스탄의 고려인들. 누가 있는가". 타시켄트, 1995. 72쪽.

◎ 리춘백(Ли Чун Бяк)[142]

1912년 블라디보스토크에서 태어났다. 타시켄트 사범대학을 졸업했다(1942년). 중-치르칙 지역의 "극동" 집단농장에서 학교 교장과 같은 집단농장에서 당조직원으로 일했다.

1945년에 조선으로 가서 국가기관원 준비대학에서 가르쳤고, "조선신문(Корейская газета)(소련군의 연해주군관구 기관)" 일꾼으로, 평양에서 군사정치학교 정치분과 책임자로 일했다. 한국전쟁에 참전하여 육군소장으로 북한인민군 제46군 부대장이었다. 북한인민군 제7군단 부단장으로 군사위원이었다.

소련으로 돌아와 타시켄트 고등 당학교를 졸업하고, 카라칼팍(Каракалпак) 자치공화국 쿤그라드(Кунград) 지역의 "알틘쿨(Алтынкуль)" 솝호즈의 회장으로 임명되었다. 소련과 북한, 몽골에서 훈장과 메달을 받았다.

◎ 박 안드레이 인수노비치 (Пак Андрей Инсунович, 1931-1994)[143]

1931년에 연해주의 체르티고프(Чернигов) 마을에서 태어났다. 1951년에 사마르칸드국립대학교를 졸업했다. 수석 지질학자로, 당의 검색 및 정찰관으로, 크라스노홈스크(Краснохолмск) 탐사 당 책임자로 활동했다. 그리고 1967년부터 1994년까지 공

---

142) 김 Б., "우즈베키스탄의 고려인들. 누가 있는가". 타시켄트, 1995. 75쪽.
143) 윤 Л.М., 림 Р.А., 안드레이 인수노비치 박//우리의 영웅 제1권, 타시켄트, 2006, 126~131쪽; 리 В. 희망의 강변, 타시켄트, 2012, 125~128쪽.

화국의 지질 및 지리학 연구소 연구 책임자로 일했다.

1959년에국가의 원료 기반을 크게 확대하는 독특한 광물의 탐사 및 발견으로 레닌 훈장(소련에서 최고의 상)을 받았다. 안드레이 인수노비치는 1965년에 박사학위를 받았고, 1984년에 박사 후 학위를 받았다. 붉은 노동 칭호 훈장과 "광물의 최초 발견자" 명예 칭호를 받았다.

100권이 넘는 연구서를 저술했다.

◎ 박 니콜라이 이바노비치 (Пак Николай Иванович, 1928-1993)[144]

경제학 박사이며 우즈베키스탄 학술원 회원이었다.

연해주 이만(Иман)에서 태어났다. 1947년에 타시켄트 재무-경제 연구소를 졸업하고, 모스크바경제연구소에서 박사과정을 다녔다고, 연구와 교육활동에 종사했다. 1964~1982년에 사마르칸드협동조합연구소 부소장이었으며, 1983년부터 정치경제학과 과장이었고, 신문 언론의 정치사와 경제이론 교수이자 컨설턴트였다.

박 Н.И.는 수십권의 전문서와 "선봉 집단농장"(모스크바, 1950년), "농업 생산에서 시간의 단축"(모스크바, 1967년), "농업생산에서 생산의 시기 요인"(타시켄트, 1977년) 등을 저술했다.

◎ 한 세르게이 미하일로비치 (Хан Сергей Михайлович, 1930-2003)[145]

우즈베키스탄의 고려인 디아스포라 중에서 가장 권위있고, 존중받

---

144) 김 Б., "우즈베키스탄의 고려인들. 누가 있는가". 타시켄트, 1995. 89~90쪽.

145) 리 Н.С. 세르게이 미하일로비치 한 – 박사, 교수(1930~2003)//우리의 영웅, 제1권, 타시켄트, 2006, 162~200쪽; 한 В.С., 고려사람: 우리는 누구인가? 고려인사, 비슈켁, 2009, 133~139쪽, 156~174쪽.

는 대표 중의 한 명으로, 철학박사, 교수, 공화국의 교육과 학문 분야에서 저명한 학자이자 조직가이며, 사회학 아카데미에서(모스크바) 공부하고 학위를 받은 최초로 고려인이다. 최고 교육 기관의 총장(타시켄트국립문화연구소)으로 최초의 고려인이며, 소련의 고려인문화센터 설립에 적극적으로 활동한 사람 중의 한 명이며, 고려인문화센터 설립(1988~1989)을 위한 소련의 조직위원회 초대회장이었다.

1930년 12월 2일 우수리주의 니콜스크 지역 니콜스크 마을에서 태어났다. 1939년에 나보이 우즈베키스탄국립대학교 역사학부에 입학했다(최근에 사마르칸드국립대학교).

1954년에 대학을 졸업한 후 사마르칸드주의 신문 "레닌의 길(Ленинский путь)" 특파원으로 일했으며, 다음에 카슈카다린주의 교사개선연구소 부소장으로 임명되었다. 1956년부터 1958년까지 "지식"의 전체 연합회의 주 담당 책임서기였다. 또한 이와 함께 카르슈시의 야간대학에서 철학을 가르쳤다(1955년부터).

1958년부터 카슈카다린주의 당위원회 지도위원으로, 1960년부터 분과의 부위원장을 맡았다.

1961년에 소련공산당 중앙위원회 산하 사회학 아카데미에 박사과정으로 입학했다(모스크바). 1964년에 국가이론으로 박사학위를 받았다. 학위를 받은 후 타시켄트 최고당학교(ТВПШ)에 취직했다. 타시켄트 최고당학교에서 그는 선임 연구원, 조교수, 학장, 학과장, 당위원회 서기 등을 역임했다.

1960년대 말에서 1970년대 초에 그는 공화국의 사회학연구 형성에 적극적으로 참여했다. 1968년에 우즈베키스탄 공산당 중앙위원회 선전선동부 산하에 사회학연구 사회연구소가 만들어졌고, 한은 이 연구소의 교수소비에트의 회원이 되었다.

1970년대에 한은 조직과 관리 이론에 관심을 가졌다. 그는 공화국에서 최초로 관리과정을 도입했다. 1979년에 그는 소련공산당 산하 사회학 아카데미에 박사후 과정에 입학했고, 1983년에 "사회주의에서 기관관의 관계"라는 주제로 박사 후 학위를 받았다. 이 해에 그는 "사상" 출판사에서 1만부의 연구서를 출간했다.

소련 내무인민위원부 타시켄트 최고학교 지도자로 초대되어 1981년부터 그는 철학부 교수로 활동했다. 그는 공산위원회 부서기로, 학교의 소비에트 회원으로, 학교 편집 출판 위원으로, 사회학과의 소비에트 부의장으로, 교육학방법론 소비에트 의장으로, 교육학방법론 세미나 지도자로 활동했다.

1985년부터 1988년까지 그는 타시켄트국립문화연구소의 부총장과 총장을 역임했다. 그는 소련 역사에서 최고의 교육 기관의 총장이 된 최초의 고려인이었다.

1989년에 내무인민위원부 최고학교 교수직으로 되돌아갔다. 그는 모두 80권이 넘는 연구서를 출간했다.

우즈베키스탄의 최고소비에트 상임위원회와, 우즈베키스탄 공산당 중앙위원회, 우즈베키스탄 최고상임위원회와 내각위원회에서 메달과 증서를 받았다.

페레스트로이카 시기에 세르게이 미하일로비치 한은 소련에서 고려인운동의 주창자 중의 한 명이 되었다. 그리고 우즈베키스탄 고려인문화센터 설립을 위한 공화국 조직위원회 의장을 역임했다.

8. 문화, 예술, 언론분야 고려인들

1) 역사적 배경

소비에트시기에 고려인들은 학문뿐만 아니라 예술분야에서도 활동했다. 극동에서 문화와 예술 분야에서 전문적인 교육을 받을 가능성이 대부분의 고려인들에게는 제한되어 있었다. 따라서 예술 분야는 스스로 발전시켰다. 우즈베키스탄으로 강제 이주 당한 후 재능있는 고려인들이 전문적인 교육을 받고, 예술 분야의 경력을 쌓을 수 있는 기회를 제공받았다.

우즈베키스탄에서 고려인들은 발레와(B. 예가이, K. H. 김), 팝 음악(Г. 신, О. Н. 고가이), 고전음악(А. Б. 김, Н. Х. 리, С. 정), 민속 춤(Е. Н. 김, 황정욱), 전통 춤(Р. 강); 미술(В. Ан, Г. Н. 강, Е. 리, Б. А.

1960년 모스크바에서 전 소련에 텔레비전으로 중계된 "디미트로프" 집단농장의 고려인 민속합창단

김, Г. Н. 김, А. В. 리, Н. С. 박, Н. С. 신, И. 신 등등); 음악(Д. Н.
리, 박영진, Е. 박, 정인묵), 소설과 시(조명희, 우가이 조국, В. 리, Б.
박, М. 김 등등.), 영화와 텔레비전의 감독(김 Г. Н., 에가이 С. В.) 그
외의 분야에서 활동하고 있다.

일련의 문화 분야 활동가들은 "우즈베키스탄의 명예 문화인", "우
즈베키스탄의 명예 문화 활동가", "우즈베키스탄의 명예 예술 활동가"
칭호를 받았다. 그들 중에 많은 사람들이 해외에서 수상을 했으며, 국
제적으로 인정을 받았다.

그들 중에서 많은 사람들이 고려인 주제를 다루고 있다.

2) 인물

◎ 김 보리스 알렉산드로비치(Ким Борис Александрович)[146]

1922년에 블라디보스토크에서 태어났다. 벤코프(Беньков) 사마르
칸드 예술전문학교를 졸업했다. 그는 지속적으로 부하라 음악-드라마
극장의 예술총감독 활동했으며, 공화국의 장식 예술 분야의 발전에 크
게 기여했다. 그는 다양한 국가의 전시회에 참여했다.

우즈베키스탄의 인민화가였다(1970년).

◎ 김광택(Ким Гван Тхэк, 1898-1957)[147]

조선에서 태어났다(함경북도 지방). 모스크바에서 군사-정치과정
을 졸업했다. 노동자-농민-붉은군대의 소대 정치위원으로, 교육대대

---

146) 김 Б., "우즈베키스탄의 고려인들. 누가 있는가". 타시켄트, 1995. 41쪽.
147) 김 Б., "우즈베키스탄의 고려인들. 누가 있는가". 타시켄트, 1995. 45쪽.

부사령관으로 근무했다. 소련의 불류헤르(Блюхер) 원수 시계를 하사 받았다.

제대한 후 연해주에 있는 어업협동조합에서 일했다. 우즈베키스탄으로 강제이주 당한 후 협동조합은 타시켄트주의 중-치르칙 지역에서 집단농장으로 변모했다. 김광택은 1937~1944년, 그리고 1949~1950년 집단농자의 행정을 주도했다. 또한 "스탈린 헌법(Сталинская конституция)" 집단농장의 회장을 역임했다.

1946~1948년에 "선봉" 집단농장에 주재했던 주 고려인극장 극장장이었다.

◎ 김기철(Ким Ги Чер, 1906-1993)[148]

작가. 한국의 당천에서 태어났다(함경남도 지방). 길림(중국)에 있는 한국학교를 졸업했다.

러시아 극동으로 이주한 이후 "선봉(Сенбон)" 신문의 문학담당 직원으로 일했다. 1937년 우즈베키스탄으로 이주한 이후 타시켄트주의 구를렌 지역의 감독으로, 다음에 사할린 한인 극장의 극장장을 역임했다. 모스크바의 "동방문학(Восточная литература)" 출판사에서 통역원으로 일했다. 말년에 타시켄트주의 얀기바자르(Янгибазар) 마을에서 살았다.

김기철은 고려인 극장에서 상연된(1943) 극본 "홍길동(Хон Гильдон)"과 중편소설 "강제이주 이후 첫해"("레닌기치" 신문, 1989), 그 외 다수 작품을 썼다. 1987년에 알마아타 "자슈즤(Жашузы)" 출판사에서 그의 책 "붉은 별을 보았을 때"이 출판되었다.

---

148) 김 Б., "우즈베키스탄의 고려인들. 누가 있는가". 타시켄트, 1995. 46쪽.

◎ 김정세(Ким Ден Ше)[149]

1918년에 연해주의 파블로보(Павлово) 마을에서 태어났다. 부하라와 타시켄트 사범대학에서 공부했다. 1942년부터 1977년까지 조선어 교사로 일했으며, 다음에 타시켄트주의 하-치르칙 지역에서 학교 교장으로 일했다.

최초의 시가 "레닌기치" 신문에 발표되었다. 러시아어에서 번역한 몇 권의 책과 서정적 선집이 출간되었다. 그것들은 "기쁜 편지"(타시켄트, "요슈 그라르디야(Ёш гвардия)", 1961), "신비로운 배(Чудесная груша)"(1965), "꽃의 세계(Земля в цвету)"(Гафура Гуляма 출판사, 1974)와 그 외 다수 있다. 김정세는 카자흐스탄 출판사 "쟈주슈(Жазушы)"와 "고려일보(Коре ильбо)" 신문사에서 조선어로 출판한 선집에 항상 참여했다. 우즈베키스탄 작가연맹 회원이었다.

◎ 김두칠(Ким Ду Чир, 1914-1983)[150]

1914년 극동의 혼모우(Хонмоу) 마을에서 태어났다. 편집출판 전문학교를 마치고(1936년 모스크바), "외국인 노동자들" 출판사에서 편집기술자로 일하고 군대에 복무했다.

카자흐스탄으로 강제이주 당한 후 "쌀을 위해(За рис)"와 "레닌의 길" 신문사 직원이었다. 1953~1975년 "레닌기치" 신문사의 주재 특파원으로 활동했다.

조선어로 시를 쓴 작가였다. 1960년대 카자흐 고려인극장에서 상연된 "논개(Нонге)", "옥순(Оксун)", "맹세(Клятва)"의 극작가이다.

---

149) 김 Б., "우즈베키스탄의 고려인들. 누가 있는가". 타시켄트, 1995. 47쪽.
150) 김 Б., "우즈베키스탄의 고려인들. 누가 있는가". 타시켄트, 1995. 48쪽.

그의 번역으로 러시아와 우즈베키스탄 작가들(오스트로프스키(А. Ост
ровский), 아르부조프(А. Арбузов), 함자(Хамза)의 작품이 극장에
서 연극으로 상연되었다.

타시켄트 법률 연구소를 졸업하고(1942년), 1953년까지 하-치르칙
지역의 검찰을 포함한 타시켄트주의 검찰 기관에서 일했다.

◎ 김영철(Ким Ен Чер)[151]

1914년 11월 7일 연해주의 수찬시에서 태어났다. 1937년에 가족과
함께 우즈베키스탄으로 강제이주 당했다.

자체적으로 만들어진 아마추어 고려인 극장들에서 상연된 창작 연
극("집단농장에서의 사건(Случай в колхозе)", "쓸쓸한 말년(Один
окая старость)", "청천강(Чэн-Чэнган)")의 작가이다.

타시켄트주 상-치르칙 지역의 "프라브다" 집단농장과 베카바드(Ба
кабад) 지역의 "이스크라" 집단농장에서 부회장으로 일했다.

붉은 노동 뱃지와 "인민친선", "명예칭호" 훈장과 여러 메달을 받았다.

◎ 기세복(Ки Се Пок, 1913-1979)[152]

1913년 극동변강주 블라디보스토크 지역 네지노(Нежино) 마을에
서 태어났다. 니콜스크-우수리스크 고려인 사범전문학교를 졸업하고
하바롭스크 공산당대학에서 편집과정을 마쳤다. 중등학교 교장으로 일
했고, 극동국립출판사(Дальгиз - Дальневосточное государстве
нное издательство)에서 조선어 교과서를 편집했으며, 고려인 사범

---

151) 김 Б., "우즈베키스탄의 고려인들. 누가 있는가". 타시켄트, 1995. 48쪽.
152) 김 Б., "우즈베키스탄의 고려인들. 누가 있는가". 타시켄트, 1995. 37쪽.

대학에 입학했다.

1937년 강제이주 이후 학업을 계속해서 사마르칸드국립대학교를 졸업했다. 파스트다르곰 지역에서 학교 교장을 역임했다(사마르칸드주).

1957년부터 생이 다할 때까지 "레닌기치" 타시켄트 지국장을 역임했다.

1945년부터 1957년까지 한국에 있었다: 한국에서 소비에트 전쟁행정부서의 통역군이었고, 후에 북한군 결성 작업에 군사정치학교 부책임자, 책임자로 참여했다. 조선노동당 중앙집행위원회(ЦК ТПК) 분과의 부과장이자 "노동신문" 편집장을 역임했다. 문화선전부 부부장, 외무부 부부장, 군사아카데미의 부책임자와 출판사 대표를 역임했다.

소련과 북한에서 메달을 받았다.

◎ 리 니콜라이 호여노비치
(Ли Николай Хоенович, 1919-1985)[153]

1919년에 연해주에서 태어났다. 타시켄트국립음악학교를 졸업했다 (1943년). 오페라와 발레 우즈베키스탄국립극장의 악장이었다. 1957~ 1962년 베이징 극장에서 일했다. 우즈베키스탄 국립에스트라다(Узгос эстрада) 산하에 최초의 전문 고려인 앙상블이 그에 의해 만들어졌다. 우즈베키스탄 명예 예술가이다.

---

153) 김 Б., "우즈베키스탄의 고려인들. 누가 있는가". 타시켄트, 1995. 74쪽.

◎ 명월봉(Мен Воль Бон, 1913-1991)[154]

연해주의 시지미(Сидими) 마을에서 태어났다. 1935년에 블라디보스토크 고려사범대학에 입학했다. 1937년에 대학이 크즐오르다로 옮겨왔고, 그곳에서 1939년에 학업을 마쳤다.

1948~1957년에 북한에서 활동했다. 군사학교에서 러시아어와 문학학과 학과장으로, 군신문 부주필로 일했다.

소련으로 돌아와서 모스크바에서 고등당학교를 졸업하고(1962년), "레닌기치" 신문사에서 일했다. 니자미 타시켄트사범대학에서 조선어를 가르쳤다. "개설(서울, 1990년)"의 저자로 언어와 교육 문제에 관한 일련의 학술 서적을 집필했다. 알마아타와 서울에서 많은 선집 형태의 시집이 출판되었다.

◎ 박영진(Пак Ен Дин, 1909-1978)[155]

극동의 수이푼(Суйфун)군의 코르사코프 마을에서 태어났다. 극동사범대학의 노동자 학교에서 공부했다. 음악학교를 졸업했다. 강제이주 이후 타시켄트 국립음악학교를 졸업했다.

음악원에서 강사로 일했다. 우즈베키스탄 국립필하모니 산하 고려인 앙상블 "가야금(Каягым)"의 설립자 중의 한명이자 최초의 예술감독이었다.

---

154) 김 Б., "우즈베키스탄의 고려인들. 누가 있는가". 타시켄트, 1995. 79쪽.
155) 김 Б., "우즈베키스탄의 고려인들. 누가 있는가". 타시켄트, 1995. 87~88쪽.

고려 드라마 극장에서 연극으로 올려진 "홍길동", "홍범도(Хон Бэ
м До)", "올림픽"과 그 외 작품들의 음악을 작곡한 작곡가였다. 1950
년대 무킴(Муким) 우즈베키스탄 극장에서, 다음에 푸슈킨 극장에서
(모스크바) 박영진의 드라마 "38선 이남에서(Южнее 38-й паралле
ли)가 공연되었다.

그의 잘 알려진 노래들은 "기다림(Ожидание)", "노인의 보복(Во
змездие старика)", "평화의 노래(Песня в мире)", "평양가는 길
(Дорога в Пхеньян)"과 다수가 있다.

우즈베키스탄 작곡가 연맹 회원이다. "용맹한 노동"과 "노동공적"
메달을 받았다.

◎ 박 니콜라이 세묘노비치
(Пак Николай Семенович, 1922-2009)[156]

유명한 화가.

1922년에 연해주의 스파스크에서 태어
났다. 라트비아 예술 아카데미와 타슈켄크
극장-예술연구소를 졸업했다. 소련의 화가
연맹 회원이다. 1982~1987년에 우즈베키스
탄 화가연맹 서기를 역임했다.

교수이며 우즈베키스탄 명예 활동 예술
가이다. 200점이 넘는 작품을 남겼다. 서울
의 미술 조각가 협회 명예회원이다.

---

156) 남 O., 니콜라이 세묘노비치 박의 삶의 광경//우리의 영웅, 제2권, 타시켄트,
    2009, 152~159쪽.

◎ 신 니콜라이 세르게예비치
(Шин Николай Сергеевич, 1928-2006)[157]

뛰어난 화가.

연해주의 올긴 지역 타우데미(Таудеми) 마을에서 태어났다. 벤코프 국립예술학교(1949)와 타시켄트 극장-예술연구소(1960)를 졸업했다.

1987~1992년에 우즈베키스탄 화가연맹 서기를 맡았다. 명예 예술 활동가(1987), 우즈베키스탄 예술 아카데미 회원이었다.

한국에서 최고의 훈장인 "금관" 훈장을 받았다. 고려 사람들에게 바친 기념비적인 벽화 "레퀴엠(Реквием)"을 그렸다.

---

157) 남 О., 니콜라이 세르게예비치 신: 필생의 일//우리의 영웅, 제2권, 타시켄트, 2009, 186~194쪽.

9. 체육분야 고려인들

1) 역사적 배경

다른 분양에서와 마찬가지로, 고려인들은 스포츠 분야에서도 두드러진 역할을 수행하고 있다: 필드하기에서(올림픽 대회, 세계선수권 대회, 아시아 챔피언컵에서 수상자들; 우즈베키스탄과 소련의 챔피언들), 역도에서(우즈베키스탄과 소련의 챔피언들), 유도에서(우즈베키스탄과 소련 청소년 챔피언대회의 챔피언들), 그레코로만 레슬링에서(우즈베키스탄의 챔피언들과 소련 챔피언대회의 수상자들), 삼보에서(우즈베키스탄과 소련 청소년 챔피언대회, 세계 청소년 챔피언대회의 챔피언들; 소련선수권대회, 소련청소년선수권대회, 세계선수권대회 수상자들), 복싱에서(우즈베키스탄과 소련, 아시아, 유럽청소년선수권대회, 세계컵대회 챔피언들; 세계선수권대회 수상자들), 가라테에서(우즈베키스탄과 소련 챔피언들), 축구와 체스, 탁구에서 우즈베키스탄의 챔피언들이 그들이다.

스포츠 선수로서의 개인적인 성과 이외에도 고려인들은 여러 종목의 우즈베키스탄 국가대표팀의 코치와 감독으로, 그리고 공화국의 여러 종목의 스포츠협회를 주도했다.

2) 인물들

◎ 안 미하일 이바노비치 (Ан Михаил Иванович, 1952-1979)[158]

국제적 수준의 스포츠 선수이다. 타시켄트주의 상-치르칙 지역의

---

158) 김 Б., "우즈베키스탄의 고려인들. 누가 있는가". 타시켄트, 1995. 15쪽.

스베르들로프 집단농장 출신이다. 집단농장 어린이 팀에서 축구를 배우기 시작했다. "티토프" 전문기숙사 스포츠학교에서 공부했다. 1968년에 소련 유소년대표로 선발되었다. 1971년에 타시켄트의 "팍타코르(Пахтакор)"팀의 미드필더였다. "팍타코르" 팀에서 139경기를 뛰어 30골을 기록했다. 1974~1976년 시즌에 소련 최우수 축구선수 33명에 포함되었다. 소련 청소년 대표팀 주장으로 유럽선수권대회 우승을 차지했다(1976년). 소련의 민족 대표팀으로 두 경기를 뛰었다.

1979년 8월 19일 미하일 안은 비행기 추락사고로 팀원들과 함께 비극적으로 사망했다. 타시켄트에 그의 이름을 딴 거리가 있다.

◎ 진 알렉세이 다비도비치(Дин Алексей Давыдович)[159]

1928년 슈코토보 지역의 하리토놉카 마을에서 태어났다. 타시켄트 체육대학을 졸업했다(1969).

여러 차례에 걸쳐 우즈베키스탄의 챔피언이 되었다.

1976~1980년에 투르케스탄 군관구 소속 붉은군대 스포츠클럽(СКА)의 수석 트레이너였다. 그리고 1980~1986년에 "팍타코르" 스포츠연합의 수석 트레이너였다. 1987년부터 공화국 스포츠대학 복싱분야 수석 트레이너였다.

우스베키스탄 명예 트레이너였으며(1971), 우즈베키스탄의 명예문화노동자이고(1989), 소련의 명예 트레이너였다(1990).

◎ 김 블라디미르 알렉세예비치(Ким Владимир Алексеевич)[160]

1931년에 야쿠치아 자치공화국 알다네시에서 태어났다. 모스크바와 카자흐스탄 체육 대학에서 공부했다.

여러 차례에 걸쳐 카자흐스탄과 우즈베키스탄의 삼보 챔피언이었다. 삼보와 유도 코치로 60명 이상을 훈련시켰다. 공화국의 명예 트레이너였다(1978). 삼보와 유도의 국제심판이었다. 교육학 박사이다(1980). 논문주제는 "삼보와 유격에서 반격자세"이다. 타시켄트 체육대학의 무술학과 조교수로 일했다.

우즈베키스탄에서 한국의 전통 무술인 씨름을 부활시키고, 이 스포츠의 첫 번째 대회를 조직했다. 우즈베키스탄 씨름협회 부회장이었다. 말년에 그는 우즈베키스탄 민족 무술인 쿠라샤(кураша) 교본을 저술했다.

---

159) 김 Б., "우즈베키스탄의 고려인들. 누가 있는가". 타시켄트, 1995. 24쪽.
160) 김 Б., "우즈베키스탄의 고려인들. 누가 있는가". 타시켄트, 1995. 43쪽.

B.A. 김이 씨름대회 우승자에게 시상하는 장면

◎ 서가이 도빈 인노켄티예비치
   (Шегай Добин Иннокентьевич, 1932-1997)[161]

연해주의 고려인 마을 페레티노(Перетино)에서 태어났다. 로프토
프사범대학을 졸업했다(1955). "스파르탁(Спартак)" 축구팀에서 선
수로 뛰었다(나중에 "팍타토르" 팀으로 명칭이 변경됨. 타시켄트).

"폴리트옷젤" 집단농장의 축구팀(타시켄트주), "팍타토르" 팀(타시
켄트), "즈뵤즈다(Звезда)" 팀(지작), "소힙코르(Сохибкор)" 팀(할카
바드(Халкабад)의 감독으로 일했다.

우즈베키스탄의 명예 트레이너(1967), 우즈베키스탄의 명예 스포츠
체육 노동자였다(1982).

---

161) 김 Б., "우즈베키스탄의 고려인들. 누가 있는가". 타시켄트, 1995. 126쪽.

10. 페레스트로이카 시기 고려인 활동 개척자들

1) 역사적 배경

구소련 시기에 고려인문화센터(Корейский культурный центр, 고려인협회)들을 조직하는데 초기에 주도적으로 활동한 집단들이 고려인 디아스포라가 숫적으로 많이 살고 있는 타시켄트와 알마아타, 모스크바와 여타 도시들에서 거의 동시에 나타났다.

1988년 12월 12일 타시켄트에서는 세르게이 미하일로비치 한 교수를 회장으로 하여 "고려인협회를 만들기 위한 공화국 조직위원회"의 창립대회가 열렸다. 이날부터 소련에서 대중적인 고려인 활동이 시작되었다. 며칠 후에 "소비에트 고려인 문화-교육센터" 창립대회가 열렸

고려인문화센터 설립을 위한 공화국 조직위원회 회장 세르게이 미하일로비치 한과 부회장 부르트 김(1989년)

고, 시인인 보리스 박이 회장이 되었다. 이후에 "우즈베키스탄 고려인 국제 문화 교육 협회"로 명칭이 변경되었다.

1989년에 고려인분화센터 설립을 위한 국가조직위원회는 우즈베키스탄의 14개 도시와 지역에 센터를 설립했다.

1990년 2월 27일 타시켄트시 고려인 문화센터 창립대회가 개최되었다. 우즈베키스탄 전역에서는 24개주, 지역, 도시에 고려인 문화센터가 조직되었다. 1991년 1월 12일에 우즈베키스탄 고려인 문화센터 연합(우즈베키스탄 고려인협회)이 설립되었다.[162]

고려인 운동은 처음부터 다른 조직들 간의 대립을 피할 수 없었다. 우즈베키스탄에서는 처음부터 "고려인문화센터 설립을 위한 국가 조직 위원회"와 "우즈베키스탄 고려인 국제 문화-교육협회 설립을 위한 주창자 집단" 간에 경쟁이 있었다.

대립과 공개적인 싸움은 나중에 타시켄트 고려인문화협회와 고국통일촉진협회(ACOK) 사이에, 그리고 우즈베키스탄 고려인 문화 센터 협회[163]와 각 주들의 문화 센터들 간에, 또한 우즈베키스탄 고려인 문화센터 협회와 타시켄트 고려인연합 "갱생(Возрождение)" 등과의 싸움으로 비화했다.

---

162) Ким П.Г. Корейцы Республики Узбекистан. – Ташкент, 1993. С. 122.

163) История учредительной конференции Ассоциации корейских культурных центров Узбекистана – действительно малоприятная страница корейского движения. При её создании отсутствовали представители 7 областей из 11. Б. Ким так её характеризует: «Ленин Кичи» дала об этом чрезвычайном событии коротенькую заметку, да и то за подписью нештатника. Ни один из четырех сотрудников Ташкентского корпункта газеты на учредительную конференцию не был приглашён, как не были приглашены свыше 100 из 150 делегатов, избранных на местах». – Ким Б. Ветры наших судеб. – Ташкент, 1991. С. 141.

1989년 최초의 대규모 고려인 행사

2) 인물들

◎ 강 파벨 하리토노비치
　(Кан Павел Харитонович,
　1931-1996)[164]

소련이 해체된 이후 고려인 운동에 적극
적으로 참여하여 "고려인연합(АСОК)-국제
고려인연합(МКА) 통일(Единство)"("범
민련")의 부의장과 의장을 역임했다. 북한으
로부터 "한국통일" 메달을 받았다.

---

164) 림 M.C., 파벨 하리토노비치 강-건설인, 황무지 개척자, 기술학 박사// 우리의
　　영웅 제1권, 타시켄트, 2006, 86~93쪽.

1931년 11월 7일 하바롭스크주의 이만(Иман) 마을에서 태어났다. 1954년에 오데사 유압공학연구소 분교를 졸업하고, 일을 계속하면서, 1976년에 타시켄트 인민경제 연구소를 졸업했다.

카라칼팍 건설 트러스트 CMУ의 대표와, 지작(Джизак)시의 CMУ의 참여 대표, 지작 건설 장비 및 기계 콤비나트의 자본건설 조합장, 철근 콘크리트 제품 얀기예르 콤비나트의 대표를 역임했다.

1976년에 "중앙아시아 솝호즈 건설(Средазирсовхозстрой, 중앙아시아 솝호즈 건설 및 관개 시설 기구)" 생산 부대표, 1977~1980년에 "지작스텝건설(Джизакстепстрой)" 대표를 역임하고, 1980~1984년에 "전중앙아시아솝호즈 건설(Главсредазирсовхозстрой)" 제1 부대표를 역임했다.

기술학 박사(1982년)이다. 중앙아시아의 사막 지대의 통합 개발을 위한 방법 개발 및 구현으로 소련의 국가상을 수상했다(1983년).

◎ 김 표트르 게로노비치(Ким Петр Геронович, 1933-2001)[165]

1991년부터 2000년까지 우즈베키스탄의 고려인문화센터 회장을 역임했다.

1933년에 연해주의 슈코토보에서 태어났다. 모스크바 역사-문서연구소를 졸업했다(1957). 러시아 문서보관소와 우즈베키스탄 공산당 중앙위원회 산하 당역사연구소에서 일했다: 선임연구원, 부서장, 학술비서,

---

165) 김 В.Д., 표트르 게로노비치 김, 고려인문화센터 초대 회장, 역사학 박사, 교수(1933~2001)//우리의 영웅 제2권, 타시켄트, 2009, 109~113쪽; 김 Б., "우즈베키스탄의 고려인들. 누가 있는가". 타시켄트, 1995. 55쪽.

부소장.

1973년에 박사학위를 받았고, 1983년에 박사후 학위를 받았다. "우즈베키스탄 고려인들의 사회 정치적 초상화"(타시켄트, 1991), "우즈베키스탄의 고려인들"(1993), "중앙아시아로 고려인들의 스탈린 강제이주"(서울, 1993)의 저자이다.

영화 "친선-두스트릭", "우즈베키스탄-우리 모두의 집", "행복 – 행복의 조선말" 등의 시나리오 작가이다. 우즈베키스탄 대통령 카리모프(Каримов)의 연설과 발언집을 서울에서 출간하고 한국어로 통역했다.

대한민국 대통령으로부터 "두스트릭(Дустлик)" 훈장과 명예 칭호를 받았다.

◎ 한 세르게이 미하일로비치 (Хан Сергей Михайлович, 1930-2003)[166]

소련에서 고려인 운동의 주창자 중의 한 명으로 – 우즈베키스탄 고려인문화센터 설립을 위한 국가조직위원회 의장이었다. 이후에 카자흐스탄과 모스크바 극동, 그리고 다른 곳에서 유사한 협회들이 생겨났다. 1989~1990년에 우즈베키스탄에서는 16개의 고려인문화센터 조직위원회가 설립되었다. 이때부터 우즈베키스탄에서 고려인운동은 대중적 성격을 띠기 시작했다.

1930년 12월 2일 우수리주의 니콜스크 지역 니콜스크 마을에서 태

---

166) 리 H.C. 세르게이 미하일로비치 한 – 박사, 교수(1930~2003)//우리의 영웅, 제1권, 타시켄트, 2006, 162~200쪽; 한 B.C., 고려사람: 우리는 누구인가? 고려인사, 비슈켁, 2009, 133~139쪽, 156~174쪽.

어났다.

나보이 우즈베키스탄국립대학교를 졸업했다(1954년). 신문사 특파원으로 일했으며, 교사개선연구소 부소장이었고, 카슈카다린주의 "지식(Знание)"의 전체 연합회의 책임서기였다.

1958년부터 카슈카다린주의 당위원회 지도위원으로, 1960년부터 분과의 부위원장을 맡았다.

1964년에 박사학위를 받았다(1964). 타시켄트 최고당학교(ТВПШ)의 선임 연구원, 조교수, 학장, 학과장, 당위원회 서기 등을 역임했다. 1983년에 박사 후 학위를 받았다(모스크바). 1981년부터 소련 내무인민위원부 타시켄트 최고학교 철학부 교수로 활동했다.

1985년부터 1988년까지 세르게이 미하일로비치 한은 타시켄트국립문화연구소의 부총장과 총장을 역임했다. 그는 소련 역사에서 최고의 교육 기관의 총장이 된 최초의 고려인이었다.

1989년에 내무인민위원부 최고학교 교수직으로 되돌아갔다.

그는 모두 80권이 넘는 연구서를 출간했다.

결론

이 글은 전체 3부 중에서 첫 번째 부분으로 소비에트시기(1937~ 1990년) 우즈베키스탄 고려 사람들에 관한 내용이다. 당연히 이 시기에 해당하는 저명한 고려인들은 여기에서 언급하고 있는 것보다 훨씬 더 많다. 여기에서 다루고 있는 대상 고려인들은 먼저 이미 생을 마감한 사람들이다. 그러나 이 경우에 우즈베키스탄에서 자랑으로 여기고 있는 많은 고려인들이 책의 제한된 지면으로 인해 다루어지지 못하고 있다. 오직 우즈베키스탄의 고려인들 중에서 사회주의 노동영웅 135명만이 충분하게 다루어지고 있다. 여기에서 다루는 대상자들은 훈장수여자, 명예칭호를 받은 사람, 공업과 농업 분야 지도자, 저명한 학자, 문화 활동가 등 수백 명이다.

우리는 향후에 우즈베키스탄의 모든 뛰어난 소비에트 시기 고려인들을 연구할 기회가 있기를 바란다. 그들은 고려 사람의 대표일 뿐만 아니라 전 세계 한인들의 자랑이기도하기 때문이다. 바로 그들 덕분에 CIS 지역 고려인들의 이미지는 가장 높은 평판을 받는 동포 중의 하나로 자리잡고 있다.

2부

우즈베키스탄의 고려인들
: 20세기 말 – 21세기 초

서론

결론

서론

제1부 "소비에트시기 우즈베키스탄의 고려인들 : 시간과 사람들"에서는 유명한 고려인들에게 헌정되었는데, 그들은 현재 사망한, 소비에트시기에 주로 활동했던 사람들이다.

1991년에 소련이 해체되었다. 그 몇 년 전 페레스트로이카시기에 소비에트 인민들은 변화의 물결을 느꼈다. 그리고 전 세계 사람들은 철의 장막이 무너지고 냉전 시대의 벽이 허물어지는 것을 목격했다. 누구나 새로운 변화를 느끼며 살았다. 몇 년 후 사회주의의 이상을 구현하는 나라들이 존재하지 않을 것이라고는 아무도 상상하지 못했다.

1980년대 말 - 1990년대 초는 소련의 전쟁 후에 가장 어려운 시기였다. 그것은 고려인들에게도 깊은 여운을 남겼다.

소련이 해체된 이후 국가적 수준에서 고려인들의 유출이 심화되었다. 국가의 경제 분야에서 사적 기업으로의 고려인들의 유출은 경제의 자유화와 공공 부문의 위기뿐만 아니라 소련 붕괴 후 등장한 새로운 정치적 현실에 의해서도 촉진되었다. 포스트 소비에트 공간에서 독립국가가 형성된 후에, 민족주의에 바탕을 두었던 많은 것들, 고려인을 포함한 소수민족의 권리, 자유 및 기회를 실현할 수 있는 영영이 줄어들었다.

이것은 어떻게 나타났는가?

무엇보다도 인구 구조에서 대표민족의 비율을 높이고, 다른 민족의 비율을 줄이는 것으로 나타났다. 이 과정의 지표는 중앙아시아에서 다른 나라들 특히 러시아로의 소수민족의 지속적인 이주였다. 우즈베키스탄의 자료에 따르면 그 수는 80년대에 연평균 5만 명이었다면 90년대에는 8-9만 명에 달했다. 독일인들, 크림 타타르인, 유태인, 터키-메스헤티인들 거의 대부분이 떠나갔다. 러시아인들, 벨라루시, 우크라이나인들 사이에서도 꾸준한 이주가 관찰되었다.[1] 카자흐스탄과 중앙아시아 지역의 다른 국가들에서도 높은 이주가 관찰되었다. 예를 들어 카자흐스탄에서는 1989년에서 1999년 사이에 주민 수가 9% 이상 감소하여 16,464,464명에서 14,953,126명이 되었다.[2]

고려인들도 이주 대열에 참여했다.

우즈베키스탄에서 고려인들의 수는 1989년에 183,140명에서 2001년 1월 1일 현재 172,384명으로 줄었다.[3] 그 이후 몇 년 동안 고려인들의 수는 계속해서 감소하고 있다.

결국 고려인 수의 증가가 부정적인 영향을 미치고 있다. 우즈베키스탄에서 고려인들의 수는 1959~1969년에 거의 7%, 1969~1979년에 10% 이상, 1979~1989년에 12% 이상 증가했다면 1989~2000년에 거의 6% 감소했다. 카자흐스탄과 우즈베키스탄에서 고려인 수가 줄어든

1) Ата-Мирзаев О., Гентшке В., Муртазаева Р. Узбекистан многонациональный: историко-демографический аспект. – Ташкент, 1998. – С. 73-75.

2) Masanov N. Perceptions of Ethnic and All-national Identity in Kazakhstan // "The Nationalities Question in Post-Soviet Kazakhstan". Middle East Studies Series, N 51, IDE-JETRO, Japan, 2002. – P. 18.

3) Ким В. Д. Корейцы Узбекистана: прошлое и настоящее // История, культура и быт корейцев Казахстана, Кыргызстана и Узбекистана. – Бишкек, 2003. – С. 46.

이유는 그들이 국경 밖으로 이주했기 때문이다.

국가 기관에서 대표 민족과 다른 민족 집단의 규모는 달라졌다. 행정부에서 고려인들의 수는 급격하게 줄어들었다.

독립국가연합 국가들에서 소수민족들이 직면하고 있는 가장 어려운 문제 중의 하나는 새로운 언어 여건이었다. 잘 알려진 바와 같이 모든 중앙아시아 국가들에서 대표 민족의 언어가 국가 언어로 선언되었고, 그 시기에 소수민족들은 실제로 그 언어를 습득하지 않았다. 국가 기구에 고용되기 위해서는 대표 민족의 언어 습득을 가장 기본적인 국가적 조건으로 요구했다. 그것은 소수민족들을 중앙아시아 국가 밖으로의 이주와 국가의 언어 습득을 요구하지 않는 국가 기구에서 사적 기구로의 유출을 자극했다.

경제 자유화와 국가 언어(대표 민족의 언어)의 도입은 국가의 경제 분야에서 사적 비즈니스 분야(상업, 식당, 건설과 수리, 컴퓨터, 의료, 은행 등등의 분야)로 고려인들의 유출을 촉진했다.

상업화에 대한 사회적 인식과 국가 기구에서의 고려인 대표들의 감소는 고려인들의 균형적인 고용을 일정하게 붕괴시켰다. 그것은 마치 소비에트시기의 경우와 유사했다. 창조적이고 학문적인, 그리고 기술적 분야의 고려인 학생 수가 감소하고 있다. 과학, 교육, 문화, 의료 및 기타 분야의 젊은 고려인 전문가들이 비즈니스 분야로 유출되었다.

제2부는 소비에트 시기(1940~1970년대)에 태어나서 소비에트시기에 교육을 받고 직업을 가진, 현재 살고 있고 일을 하는, 소비에트시기 말기와 포스트 소비에트시기에 최고의 성과를 올린 대표적인 고려인들을 대상으로 한다. 그들의 오늘날의 지위는 1980년대 말~1990년대 초이 어려운 시기의 모든 어려움에도 불구하고 그들의 업적으로 결정되었다는 점을 주목하는 것이 중요하다.

이 책에서 서술하고 있는 몇몇 사람들은 20세기 초에 태어났지만 여전히 살아있고, 자신의 직무를 열심히 수행하고 있는 사람들이다.

제1장

입법 및 정부 기관에서의 고려인들

1. 역사적 배경

소비에트시기에 고려인들은 농업분야와 여타 다른 경제 분야에서 두드러진 성과를 올렸다.

고려인들이 지역적 차원에서 뿐만 아니라 정부적 차원(공화국 및 전 소련) 차원에서 농업분야에서 최고의 높은 지위를 차지하고 있다는 그러한 사실은 농업 부문에서 고려인들의 조직화 능력을 인정하는 것이었다. 그와 같은 높은 직위에 오른 사람들을 예를 들면 다음과 같다. 우즈베키스탄 국가 어업위원회 의장(X.T. 정), 우즈베키스탄 곡물부 차관(Н.Д. 정), 우즈베키스탄 채소부 차관(X.T. 정), 우즈베키스탄 양봉협회 의장(М.И. 윤), 카라칼팍스탄 농무부 곡물분과장(Н.Н. 장)과 기타.

고려인들은 행정당국의 고위직을 담당했을 뿐만 아니라 국가 차원에서의 최고회의(의회)에도 선출되었다. 즉 소련 최고회의에 우즈베키스탄 대표로 A. 강, Л. 리와 B. 조가 선출되었고, 우즈베키스탄 최고회의에 김병화, 황만금, 신정직, X. 정, H. 김이 선출되었다.

　페레스트로이카시기와 소련이 해체된 시기에 권력 기관에 복무한 고려인들은 다음과 같다. 부총리(B. 천), 국가 재산 관리 및 민영화를 위한 국가위원회 위원장(B. 천), 지역산업부 장관(B. 천), 미취학교육부 장관(A. 신), 지질 및 지하자원 국가위원회 부의장(P. 최), 카라칼팍스탄 노동부 차관(P. 리), 교육부 차관(A. 박).

　입법부에서의 고려인들은 올리 마즈리스 하원의원들과(C. 김, B. 박) 상원의원들(A. 신, B. 박, B. 장) 등이 있었다.

2. 인물들

◎ 김 세르게이 세르게예비치(Ким Сергей Сергеевич)[1]

우즈베키스탄공화국 제2기 의회(올리 마즐리스) 의원

1959년 페르가나 분지 올틴 쿨시에서 태어났다. 타시켄트국립경제연구소 경제학부를 졸업했다.

우즈베키스탄공화국 제2기 의회 의원 (1999~2005), 타시켄트시 의회 의원, 타시켄트시 고려인문화센터 회장을 역임했다. 현재 "BITI-PRODUCTION" 이사회 의장이다.

---

1) Нам О. Сергей Сергеевич Ким // Краткие очерки о выдающихся корейцах Узбекистана. Книга вторая. - Ташкент: "Истиклол", 2009. - С. 121-127.

◎ 박 빅토르 니콜라예비치(Пак Виктор Николаевич)[2]

우즈베키스탄 의회 의원

1958년 12월 26일 타시켄트주 베카바드 지역(Бекабадскийо район) 스레텐카(Cретенка) 마을에서 태어났다. 잠불 수리-기상연구소에서 기계공학 학위를 받고 졸업했다(1985). 태평양함대의 무장 부대에서 복무했다. 군대를 제대한 후 나망간 자동차 공장의 자제 조달과 조립 기술자로 일하면서 자신의 경력을 쌓기 시작했다. 1988~1997년에 우즈베키스탄 전기 생산 및 계측부의 우즈벡 생산 연합 "엘렉트로테름(Электротерм)"의 수석 기술자, 부수석 엔지니어 였다. 1997년에 여러 전문 분야의 건설회사인 "카디스(KARDISE)"를 설립했다.

2014년에 우즈베키스탄 자유민주당(Либерально-демократическая партия Узбекистана) 소속으로 우즈베키스탄 의회 의원으로 선출되었다. 국제 문제 및 의회 관계 분과 위원이다.

수상 : 한국 정부로 부터 동백 훈장(2014)을 받았고, "두스트릭" 훈장(2014)을 받았다. 우즈베키스탄 고려인 문화 센터 협회의 회장이다.

2) Пак Виктор Николаевич. - http://parliament.gov.uz/ru/structure/deputy/14906/ Ирина Сен. Новый лидер – новые идеи // Корё ильбо. 23 ноября 2012 г.

◎ 박 베라 보리소브나(Пак Вера Борисовна)[3]

우즈베키스탄 영웅, 상원 의원

1938년 11월 13일 카라칼팍 자치공화국 (Каракалпакской АССР) 쿤그라드 지역 (Кунградском район)에서 태어났다. 카라칼팍국립사범대학을 졸업했다(1961). 중학교에서 교사로 일했다. 1984~1985년에 히바시 교육청에서 노동 감독관을 지냈다.

1985년부터 (현재까지) 히바 유치원 № 20 원장이다.

우즈베키스탄 여성위원회 회원, 우즈베키스탄 인민-민주주의 정당 공화국 위원회 회원, 주와 시 의회(Кенгаш) 의원으로 여러 차례에 걸쳐 선출되었다. 상원 의원을 역임했다(2005~2010).

수상 : 우즈베키스탄 영웅(2001), 우즈베키스탄공화국 공교육 명예 교육가(1992).

◎ 장 발레리 니콜라예비치(Тян Валерий Николаевич)[4]

상원 의원

1946년 시르다리야주에서 태어났다. 크라스노쿠트스크 비행학교 (1967)와 레닌그라드 민간 항공 아카데미(1975)를 졸업했다.

---

3) Ким А. И. Вера Борисовна Пак // Краткие очерки о выдающихся корейцах Узбекистана. Книга вторая. Ташкент: Истиклол, 2009. – С. 31-38; Пак Вера Борисовна // https://ru.wikipedia.org/wiki

4) Нам О. Валерий Николаевич Тян: «Я - продукт двух депортаций» // Краткие очерки о выдающихся корейцах Узбекистана. Книга вторая. Ташкент: «Истиклол», 2009. - С. 24-30; http://www.centrasia.ru/person2.php?st=1056554336

우즈베키스탄 민간 항공국 비행작전부 부국장을 역임했다. 1992년부터 1998년까지 국립항공사인 "우즈벡스톤 하보 율라리 (Ўзбекистон хаво йўллари)" 제일부국장과 부대표를 역임했다. 1998년부터 2002년까지 비행안전 관리국 국가 검사 대표를 맡았다. 우즈베키스탄 국영항공사 "하보 율라리"의 총책임자였다(2002~2017). 독립국가연합 국제항공위원회 의장이다.

2010년부터 우즈베키스탄공화국의 상원 의원이다.

2017년 1월 6일부터 우즈베키스탄 올림픽위원회 부의장이다.

우즈베키스탄공화국에서의 훈장 수상: "마흐나트 수흐라티(Мехнат шухрати)" (2000) 훈장, "두스트릭"(2006) 훈장. "우즈베키스탄 명예 교통 노동자".

◎ 편 비탈리 바실리예비치
(Фен Виталий Васильевич)[5]

한국주재 우즈베키스탄 대사

1947년 마르길란(Маргилан)시에서 태어났다. 타시켄트 체육 스포츠 학교를 졸업했다.

페르가나주 체육 문화 및 스포츠 분과 위

5) https://ru.wikipedia.org/ Ким А. И. Виталий Васильевич Фен - Чрезвычайный и Полномочный Посол Республики Узбекистан в Республике Корея // Краткие очерки о выдающихся корейцах Узбекистана. Книга вторая. Ташкент: Истиклол, 2009. - С. 12-26.

원회 의장과 페르가나주 체육위원회 부의장, 우즈베키스탄 체육문화
및 스포츠분과 위원회 부의장으로 활동했다.

1995년부터 1999년까지 한국주재 우즈베키스탄 외교부의 대표였
다. 1999년 11월 12일부터 2013년까지 한국주재 우즈베키스탄 특명 전
권 대사를 역임했다. 2002~2013년 한국 주재 외교 사절 단장, 수석 외교
관, 임시 대사 등을 역임했다.

2013년에 외교관으로 17년 이상을 근무한 후에 우즈베키스탄으로
귀국했다. 2017년 5월 27일부터 한국 주재 우즈베키스탄 특명 및 전권
대사로 또다시 복무하고 있다.

수상 : "마흐나트 수흐라티", "우즈벡스톤 벨기시(Узбекистон белгиси)",
"우즈벡스톤 무스타킬리기가 20일(Узбекистон мустакиллигига 20 йил)".

한국 정부로부터 "광화대장" 수상.

2005년에 "명예 서울 시민"이 되었다.

◎ 천 빅토르 아나톨리예비치(Чжен Виктор Анатольевич)[6]

1990년대 우즈베키스탄 지역생산부 장관
국가 재산 관리 및 민영화를 위한 국가위
원회 의장, 부총리

1945년 5월 10일 우즈베키스탄에서 태
어났다. "나보이" 사마르칸드국립대학교에
서 엔지니어-기술 학위를 받고 졸업했다. 오
랜 기간 생산 분야에 종사했으며 대형 기계

---

6) Ким Б. Корейцы Узбекистана. Кто есть кто. - Т., 1999. - С. 124; Чжен
   Виктор // http://www.moscowwriters.ru/TVOR-P/cv/czen-va/czen-va-
   tv.htm

제조 기업인 "흘롭콤마시(Хлопкомаш)", 사마르칸드 생산협회 "엘렉트로브이트마시(Электробытмаш)"를 이끌었다.

1990~1994년에 우즈베키스탄 지역생산부 장관을 역임했다. 1994~2000년에 국가 재산 관리 및 민영화를 위한 국가위원회 의장, 부총리를 역임했다. 총리 고문을 역임했다(2000).

기술학 박사, 경제학 박사이다.

여러 차례에 걸쳐 국가로부터 훈장을 받았다.

현재 러시아에서 살고 있다. 최근에 전러시아 알루미늄-마그네슘 연구소(Всероссийский алюминиево-магниевый институт) 전체 총장으로 일했다(상트-페테르부르그).

역사적, 신학-철학적 주제에 관한 저자:

"무작위 철학자의 여행(Путешествия случайного философа)", "아미르 테무르(Амир Темур)", "류리크에서 니콜라이까지(От Рюрика до Николая)", "오나온(Онаон)", "성경 구절들(Библия в стихах)", "종교의 창시자들(Основатели религий)". 그는 작가이자 저널리스트로서도 수상을 했으며 또한 예세닌 황금 메달과 피쿨, 소로호프, 레르몬토프 메달도 받았다. 그리고 "러시아 최고의 깃털(Лучшие перья России)"이라는 저널리즘 상도 받았다.

러시아 작가협회 회원이며, 러시아 문화 창작 노동자 협회 회원이다.

◎ 신 그립핀나 바실리예브나
(Шин Агриппина Васильевна)⁷⁾

장관, 상원의원

1958년에 시르다이야주 슬라뱐카(Слав янка)촌에서 태어났다.

타시켄트국립통신연구소를 졸업했다. 타시켄트 정보 기술 전문대학 학장을 역임했다(2001~2017). 2017년 10월 19일 새로 만들어진 미취학교육부 장관에 선임되었다.

교육학 박사.

타시켄트 시의회 의원으로 선출되었다. 2015년에 우즈베키스탄 의회 상원 의원으로 선출되었다.

수상 : "두스트릭" 훈장, "우즈베키스탄 청소년 명예 지도원" 칭호 소유자.

7) Ли Н. Компьютеры и… цветы // Краткие очерки о выдающихся корейцах Узбекистана. Книга четвертая. Ташкент: Чинор ЭНК, 2015. - С. 196-200.

제2장

경제와 비즈니스 분야의 고려인들

1. 역사적 배경

1980년대 말 – 1990년대 초는 소련의 전쟁 후 소련사에서 가장 어려운 시기였다. 그것은 고려인들에게도 깊은 여운을 남겼다.

독립국가연합으로 독립한 초기에 독립국가연합 국가들의 경제적 위기는 고려인들의 노동 여건 변화에 영향을 미쳤다. 소비에트의 복합적인 경제는 복잡한 유기체였다. 그거에서 모든 부분이 거대한 그물망으로 연결되어 있었다: 소련 경제에서 협력 수준은 70%를 상회했다. 우즈베키스탄에서 생산되는 것을 예로 들면, 장비 생산에는 소련 전역에서 수십 개의 관련 기업들이 참여했다. 소련이 붕괴한 이후 발생한 경제적 유대의 단절은 소비에트가 해체된 공간에서 생존의 위기에 처한 모든 기업들이 문자 그대로 직면한 것이었다. 1991년 생산량은 25% 감소했고, 1992년은 1991년에 비해 18% 감소했다. 1993년에도 경기 침체는 지속되었다. 많은 기업들이 활동을 완전히 멈추었다. 그곳의 노동자들은 무급으로 강제 휴가에 처해졌다. 관련 기업들과 복잡한 협력

시스템을 기반으로 높은 기술력을 갖춰 생산을 하던 기업들은 생존을 위해 화분, 대야, 유모차 및 기타 기술적으로 보다 단순한 제품을 생산하기 시작했다. 당연히 알루미늄 제품과 플라스틱 제품 생산에는 방위, 우주 및 기타 첨단 기술 분야에서 제품을 생산하면서 필요로 하던 전문적이고 우수한 전문가들을 원하지 않았다. 대량 감축과 수요의 부재는 전문가들의 해외 유출과 일련의 개인 기업가들의 출현을 야기했다.

국가 경제 분야에서 개인 기업 분야로의 고려인들의 유출은 경제 자유화와 국영 부문에서의 위기에서 뿐만 아니라 소련이 해체된 이후 나타난 새로운 정치적 현실에 기인하기도 했다. 포스트 소비에트 공간에서 독립 국가들이 형성된 이후 이들 중 많은 국가들이 민족주의에 기본적인 사상 기반을 두었다. 그래서 고려인들을 포함하여 소수민족의 권리, 자유, 및 기회를 실현하는 영역이 줄어들었다.

경제 자유화와 국가 언어(대표 민족의 언어)의 도입은 국가의 경제 분야에서 사적 비즈니스 분야(상업, 식당, 건설과 수리, 컴퓨터, 의료, 은행 등등의 분야)로 고려인들의 유출을 촉진했다.

많은 고려인들이 특히 상업에 종사하기 시작했다. 수천 명의 우즈베키스탄 고려인들이 개인 사업자 등록을 하거나 전혀 등록을 하지 않은 채 소규모 사업에 종사하고 있다. 어떤 시장에 가던 물건을 파는 많은 고려인들을 쉽게 볼 수 있다.

고려인들 중 가장 많은 사람들이 "보따리상(челночный бизнес)" 분야에 종사하고 있다. 새로운 독립 국가들에서 입출국 비자와 국제 여권을 취득하기가 보다 수월해지면서 이러한 현상은 크게 촉진되었다. 이러한 현상으로 우즈베키스탄에서 "이포드롬 Ипподром"이란 이름을 가진 가장 큰 도매 시장이 출현했다. 그 시장은 두 부분으로 나뉘어져 있다(오늘날까지 여전히 나뉘어져 있다): 우즈벡 시장과 고려인 시장. 고려인들은 우즈베키스탄 전체 주민의 1%도 채 안되지만 가장 큰 도매 시장에서 "고려인 시장"이라는 개념은 상업 분야에서 고려인들을 가장 잘 대변하는 것이라 말할 수 있다.

고려인들이 집중되어 있는 개인 사업은 대략 세 그룹으로 구분할 수 있다.

첫 번째 집단은 어떤 전문 지식이나 교육을 필요로 하지 않았다. 특히 이 분야에서 "보따리 상"의 작은 물건을 취급한다. 사람들은 일부 국가에서 물건(의류, 화장품, 장난감, 일부 식료품, 전기 제품 등등)들을 구입해서 자신의 집에서 판매하고 있다. 예를 들어 상품의 특징이나 최근 상품의 유행 또는 수요 등 상품에 대한 특별한 지식의 습득은 상품의 구입과 판매 과정에서 개인적으로 이루어진다.

두 번째 집단은 이미 특정한 종류의 자격과 경험을 전제로 했다. 이러한 분야는 식당, 건설과 수리업, 자동차 서비스, 복잡하지 않은 형태의 다양한 분야의 생산 등등이다.

세 번째 집단은 고등 교육을 받은 높은 전문 지식에 기반을 두고 있다. 1990년대에 고려인 프로그래머들은 타시켄트 시장에서 선도적인 지위를 차지하는 컴퓨터 회사 "테즈네지스-인포(Тезнезис-Инфо)"와 "누론(Нурон)"을 설립했다. 고려인 의사들은 다양한 분야의 의료 기관들을 설립했다.

이 시기에 많은 고려인들이 은행에서 높은 직위를 차지하기 시작했다. 페레스트로이카 시기와 1990년대 고려인들은 이러한 분야에서 높은 직위를 차지하기 시작했다. 우즈베키스탄에서 높은 직위에 오른 대표적인 사람들은 다음과 같다. 우즈베키스탄 국립은행 부행장(A.T. 박), "트라스트 은행(Траст Банк)" 대표 (B.H. 박), "인베스트 은행(Инвест Банк)" 이사회 의장 (B.B. 지가이), "우즈레콤 은행(UzLegCom Bank)"

이사회 의장 (A.K. 김), "알로카 은행(Алока Банк)" 이사회 의장 (K.A. 김), "인베스트 은행" 이사회 부의장 (T.A. 반, B.B. 지가이), "아사카 은행(Асака Банк)" 이사회 부의장 (A.K. 김).

2. 인물들

◎ 김 아나톨리 블라디미로비치 (Ким Анатолий Владимирович)[1]

1961년 타시켄트시에서 태어났다. 레닌그라드 재무-경제연구소를 졸업했다(1983). 우즈베키스탄 중앙 통계국 과장과 컴퓨터 회사인 "테즈네지스-인포(Тезнезис-Инфо)" 재무 책임자로 일했다.

1992년에 자신의 컴퓨터 회사이자 현재 그룹인 "누론(Нурон)"을 설립했다. 우즈베키스탄 고려인문화센터협회 지도부원이다. 문예후원자.

◎ 김 아르카디 콘스탄티노비치 (Ким Аркадий Константинович)[2]

1954년 타시켄트주에서 태어났다. 크라스노야르스크 폴리테크닉 연구소를 졸업했다(1977).

---

1) Ким Б. Корейцы Узбекистана. Кто есть кто. - Т., 1999. - С. 40.
2) Аркадий Константинович и Владислав Константинович Кимы: две параллели // Краткие очерки о выдающихся корейцах Узбекистана. Книга вторая. - Тпшкент: "Истиклол", 2009. - С. 50-55.

1986~1991년 "타시고르프롬스트로이(타시켄트시 공업건설, Ташгорпромстрой)" 트러스트에서 일했다.

1991년부터 금융분야에 종사했다. 그래서 우즈벡산업건설은행(Узпромстройбанк)의 건축단지 조성 대출 부서장, 우즈베키스탄공화국 대외 경제문제 담당 국립은행 혁신 국장, 상업 은행인 "우즈소공업은행(Узлегпромбанк)" 은행장을 역임했다.

"아사카 Асака"은행의 이사회 제1부의장(1996~2005)을 역임했다.

우즈베키스탄 고려인문화 센터 연합의 적극적인 후원자이다.

◎ 김 세르게이 세르게예비치(Ким Сергей Сергеевич)[3]

우즈베키스탄 제2기 의회 의원

1959년 페르가나 분지 올틴 쿨(Олтын Куль)시에서 태어났다. 타시켄트국립경제연구소 경제학부를 졸업했다.

우즈베키스탄과 캐나다 합작 기업인 "비티-프로덕션(BITI-PRODUCTION)"의 대표 자문 기구 의장을 역임했다. 이 합작투자회사는 건축자재의 생산과 설비를 수행하는 회사이다.

우즈베키스탄공화국 제2기 의회 의원(1999~2005)과 타시켄트 시

3) Нам О. Сергей Сергеевич Ким // Краткие очерки о выдающихся корейцах Узбекистана. Книга вторая. - Ташкент: "Истиклол", 2009. - С. 121-127.

의회 의원, 타시켄트시 고려인문화센터 회장을 역임했다.

◎ 김 표도르 니콜라예비치(Ким Федор Николаевич)[4]

1955년 태어났다. 타시켄트경제연구소의 사이버네틱스 학부를 졸업했다. 자동화 제어시스템의 책임자, 기업의 수석 경제학자, 경공업부의 최고 회계 책임자, "우즈벡 경공업" 협회의 부의장을 역임했다.

투자자 협회 "일크 플류스(Илк плюс)" 부의장이며, 식당 체인점의 소유자이다.

우즈베키스탄 골프 협회 회장이다. 문화 후원자. 소련의 삼보 마스터이며 태권도 유단자이다.

◎ 리 아나톨리 인서보비치(Ли Анатолий Инсебович)[5]

우즈베키스탄 국영항공사의 최고 조종사

1939년에 태어났다. 오렌부르그시에 소재 츠칼로프 군항공학교 조종과정을 졸업했다(1969). 이르쿠츠크시 공항의 민간 항공에서 일하기 시작했다.

1969년에 아나톨리 인서보비치는 타시켄트시 공항으로 옮겨왔다. 1980년대에 그는 비행부서에서 항법 조종을 지도했다. 아프가니스탄 사

4) Все начинается с материнской любви // Краткие очерки о выдающихся корейцах Узбекистана. Книга четвертая. Ташкент: Чинор ЭНК, 2015. - С. 103-107.

5) Ни Л. П. Главный штурман национальной авиакомпании Республики Узбекистан – Анатолий Инсебович Ли // Краткие очерки о выдающихся корейцах Узбекистана. Книга вторая. Ташкент: Истиклол, 2009. – С. 135-141.

건에 5년 이상 참전 했다. 거기에서 군사 수송 및 비행 위생을 담당했다.

헌신적인 참전의 대가로 붉은별 훈장을 받았고, 아프가니스탄공화국으로부터 많은 메달을 받았다.

아프가니스탄으로부터 소비에트 군대가 철수한 이후에 아나톨리 인서보비치는 아프가니스탄 대통령의 개인 조종사로 아프가니스탄에서 2년 더 근무했다(1989~1990).

1990년에 범죄자 집단이 파키스탄으로 향하던 네륜그리-야쿠츠크(Нерюнгри-Якутск) 항공의 TU-154 항공기를 납치했다. 타시켄트에 비상 착륙한 납치된 항공기에 연료를 보급할 때 이 아나톨리 이서보비치는 야쿠츠크 조종사를 대신하기 위해 자원했다. 그래서 그는 영웅적인 대원의 일원이 되었고, "개인무공" 훈장을 받았다.

1992년부터 1999년까지 А.И. 리는 우즈베키스탄공화국 국영항공사의 수석조종사로 일했다. 독립을 선언한 이후 3년 동안 그는 우즈베키스탄공화국 대통령의 전용기 조종사로 일했으며, 정부의 특별기를 조종했다. 그래서 정부로부터 여러 번 메달을 수여받았다. 그는 국영항공사(НАК) 설립 과정에서 항법 조종의 많은 조직적이고 방법론적인 문제를 해결하는 임무를 위임받았다.

1999년에 그는 비행기 운항에 관한 항공 항법 지원 책임자 임무를 수행하기 위해 지상으로 업무처를 옮겼다.

◎ 장 발레리 니콜라예비치(Тян Валерий Николаевич)[6]

1946년 시르다리야주에서 태어났다. 크라스노쿠트스크 비행학교(1967)와 레닌그라드 민간 항공 아카데미(1975)를 졸업했다.

우즈베키스탄 민간 항공국 비행작전부 부국장을 역임했다. 1992년부터 1998년까지 국립항공사인 "우즈벡스톤 하보 율라리" 제일부국장과 부대표를 역임했다. 1998년부터 2002년까지 비행안전 관리국 국가 검사 대표를 맡았다. 우즈베키스탄 국영항공사 "하보 율라리"의 총책임자였다(2002~2017). 독립국가연합 국제항공위원회 의장이다.

2010년부터 우즈베키스탄공화국의 상원 의원이다.

2017년 1월 6일부터 우즈베키스탄 올림픽위원회 부의장이다.

우즈베키스탄공화국에서의 훈장 수상: "마흐나트 수흐라티" (2000) 훈장, "두스트릭"(2006) 훈장. "우즈베키스탄 명예 교통 노동자"(1993).

---

6) Нам О. Валерий Николаевич Тян: "Я - продукт двух депортаций" // Краткие очерки о выдающихся корейцах Узбекистана. Книга вторая. Ташкент: "Истиклол", 2009. - С. 24-30; http://www.centrasia.ru/person2.php?st=1056554336

제3장
학문과 교육 분야 고려인들

1. 역사적 배경

최초의 고령인 학위 논문은 이미 1950년대 초에 발표되었다. 고려인들은 물리학, 수학, 지질학, 기술, 농업, 수의학, 지리학, 화학, 생물학, 의학, 약학, 철학, 여사학, 경제학, 정치학, 법학, 언어학, 교육학, 예술 분야에서 박사학위를 취득했다.

우즈베키스탄의 고려인 학자들의 명부에 따르면 우즈베키스탄 고려인들은 300명 이상이 박사학위를 취득했다.

우즈베키스탄 고려인 학자들 중에서는 우즈베키스탄 학술원 회원 1명(경제학 분야), 대학 총장 2명, 부총장 8명, 1명의 학술 및 실험연구소 부소장, 대학교와 연구 및 실험연구소에 수십 명의 조교수와 학장들이 있다.

중등교육 과정에서 고려인들은 학교의 교사에서 교장에 이르기까지 광범위하게 포진되어 있다.

우즈베키스탄 고려인들 중에는 "소련 인민 교사"(1명), "우즈벡사회주의공화국 명예학술회원"(3명), "우즈벡사회주의공화국 명예 인민교육 활동가"(6명), "우즈벡사회주의공화국 명예교사"(28명), "우즈베키스탄공화국 명예 교육자"(1명), 레닌 수상자와 소련 국가 상 수상자들이 있다.

2. 인물들

◎ 김 겐나디 기여노비치(Ким Геннадий Гиенович)[1]

1942년 타시켄트주에서 태어났다. 우즈벡 국립물리문화연구소와 타시켄트국립대학교 생물학부를 졸업했다(1974). 생물학 박사(1999)로, 타시켄트 섬유 및 경공업연구소 교수이다. 약 100편의 학술 논문을 저술했다.

학술-기술 단체인 "진보(Тинбо)"의 부의장이다. 삼보 유단자이다.

◎ 김 라리사 페트로브나(Ким Лариса Петровна)[2]

1933년 치타시에서 태어났다. 타시켄트국립대학교를 졸업했다(1957). 화학 박사로(1967), 중앙아시아 비철 야금 연구 및 실험 연구소 연

---

1) Лим Р. А. Геннадий Гиенович Ким // Краткие очерки о выдающихся корейцах Узбекистана. Книга вторая. - Ташкент: "Истиклол", 2009. - 84-90.

2) Мы родом из сурового детства // Краткие очерки о выдающихся корейцах Узбекистана. Книга четвертая. – Т.: "Чинор ЭНК", 2015. - C. 53-56.

구실 주임, 표준화, 계측 및 인증 연구소의
정량적 화학 분석을 위한 표준 샘플 및 방법
센터 책임자였다.

　　120편 이상의 학술 논문을 저술했다. 표
준화, 계측 및 인증을 위한 독립국가연합 국
제위원회 실무회원이다. 표준 표본 분야 국제
기구 "코메트(KOOMET)"의 실무 회원이다.

◎ 김 로베르트 그리고리예비치(Ким Роберт Григорьевич)[3]

　　1944년에 시르다리야에서 태어났다. 타
시켄트 농업연구소 농업학부를 졸업했다
(1972). 농학으로 박사학위를 받았다(1985,
2009).

　　우즈베키스탄 면화 선정 및 종자 생산 연
구소의 조기 숙성, 저지대 품종 선정 실험실
의 책임자였다.

　　120편 이상의 학술 논문 저자이다. 러시
아 자연과학 아카데미 회원이며, 국제정보학 회원이다. "두스트릭" 훈
장을 받았다.

3) Соперничество длиною в жизнь // Краткие очерки о выдающихся
корейцах Узбекистана. Книга третья. Ташкент: Чинор ЭНК, 2012. – C.
42-48

◎ 김 에두아르드 그리고리예비치(Ким Эдуард Григорьевич)[4]

1953년 타시켄트시에서 태어났다. 타시켄트 국립의학연구소 의학부를 졸업했다(1974).

의학 박사(1991)로, 타시켄트 제2의학연구소 대체의학 및 미용외과 학과장이자 교수였으며(1990~2004), 우즈베키스탄 성형외과센터 "치료(Чирой)"의 제1대표이다. 100편 이상의 학술 논문 저술했으며, 독일과 한국에서 경력을 쌓았다.

◎ 리 브로니슬라프 세르게예비치(Ли Бронислав Сергеевич)[5]

1939년에 타시켄트주 토이-텝(Той-Теп)시에서 태어났다. 키예프 복합기술연구소(1962)와 타시켄트 외국어 사범연구소를 졸업했다(1967).

경제학 박사이며(1972, 1986), 교수이다.

우즈베키스탄 경제학연구소에서 일했으며, 우즈벡사회주의공화국 국가계획위원회 산하 경제 및 표준연구소 분과장과 부소장을 역임했다. 우즈벡사회주의공화국 국가건설 고등연구소의 관리부서

---

4) Нам О. Корейский пигмалион // Краткие очерки о выдающихся корейцах Узбекистана. Книга вторая. - Ташкент: "Истиклол", 2009. - С. 128-134.

5) Монолог с отступлениями // Краткие очерки о выдающихся корейцах Узбекистана. Книга третья. Ташкент: Чинор ЭНК, 2012. – С. 49-56. ; Ким Б. Корейцы Узбекистана. Кто есть кто. - Т., 1995. - С. 71.

장, 합작기업 "대우 일렉트로닉스"의 최고경영인, 한국주재 우즈베키스탄 노동부 대표, 나자미 타시켄트국립사범대학교 한국어문학과 과장을 역임했다.

100편 이상의 학술 논문 저자이다.

1990~1991년에 고국통일연합(고통련, АСОК) 부의장을 역임했다.

◎ 박 니콜라이 페트로비치(Пак Николай Петрович)[6]

1935년 연해주 수찬시에서 태어났다. 1937년에 가족과 함께 강제이주 당했다.

1953년에 학교를 졸업했다. 랴잔 의학연구소를 졸업하고, 케메롭스크(Кемеровск)주 안제로-수젠스크(Анжеро-Судженск)시 병원에서 일하라는 명령을 받았다. 그는 4년 동안 병원에서 1천 명 이상의 환자들을 수술했다.

1963년에 타시켄트로 이사했다. 그는 군병원에서 외과 의사로 일했다.

1970년에 박사학위(칸디다트)를 받았다. 이 해에 타시켄트 의학연구소에서 일자리를 얻었다. 동료들과 함께 인공 신장 부서를 만들고 1972년에 처음으로 신당 이식 수술을 실시했다. 신장이식센터의 설립 필요성에 따라 그 해 장기 및 조직 이식에서 조직의 비호환성을 극복하기 위해 타시켄트 의학연구소 산하에 문제 실험 연구소에 기초하여 국가 신장 이식 센터를 설립했다.

1979년에 니콜라이 페트로비치는 박사학위를 취득하고(독토르), 국

---

6) Краткие очерки о выдающихся корейцах Узбекистана. Книга первая. Ташкент: Истиклол, 2006. – С. 141.

가 신장 이식 센터의 책임자가 되었다.

1983년에 신부전증 환자를 치료하는 새로운 방법 개발로 Н.П. 박은 베룬(Берун) 과학 기술 분야의 국가상을 수상했다.

1980년에 타시켄트 의학연구소 외과 교수가 되었으며, 1985년에 외과과장이 되었다.

130여 편의 학술눈문 저자이다. 그에게 학위를 받은 사람들은 15명의 칸디다트와 5명의 독토르가 있다. 그는 300건 이상의 신장이식 수술을 수행했다.

우즈베키스탄 보건부 혈액 투석 담당 수석 전문가로 민족자치단체 "진보"의 의학분과 대표이다.

◎ 정 레오니드 니콜라예비치(Тен Леонид Николаевич)[7]

1949년에 태어났다. 타시켄트국립대학교 화학부를 졸업했다(1971).

화학 칸디다트, 조교수, 과학분야 레닌 콤소몰 수상자이다(1979).

우즈베키스탄국립대학교에서 일했으며, 한국의 한국 케미칼 테크놀로지연구소, 한국담배인삼공사연구소, 경상대학교, 한국과학기술원, 배제대학교 등에서 일했다. 100여 편의 학술논문 저자이다.

---

7) Я - химик и этим интересен // Краткие очерки о выдающихся корейцах Узбекистана. Книга четвертая. Ташкент: "Чинор ЭНК", 2015. - C. 142-151.

◎ 정 세르게이 알렉산드로비치(Тен Сергей Александрович)[8]

1933년 연해주에서 태어났다. 사마르칸트국립의학연구소를 졸업했다(1963).

의학박사(1989)이며, 교수이다. 사마르칸트 의학연구소 소아학부 부학장과(1977~1981), "인체 해부학"과 학과장을 역임했다(1990~2009).

200여 편의 학술 논문 저자이며, 러시아와 타지키스탄, 라티비아, 한국, 터키, 우크라이나, 카자흐스탄 등의 국제학술회의에서 발표했다. 학술 저널인 "생물학 및 의학 문제"의 부편집장이다.

◎ 한 발레리 세르게예비치(Хан Валерий Сергеевич)[9]

1959년 카르시(Карши)시에서 태어났다. 러시아 모스크바국립대학교 철학부(1982)와 박사과정을 마쳤다(1985). 철학 칸디다트이며(모스크바국립대학교, 1986), 조교수이다. 관심을 가진 학문 분야는 철학, 사회학, 민속학과 한국학이다.

타시켄트 경제대학교 철학과에서 조교수로 일했으며, 우즈베키스탄 과학아카데미(А Н РУз.) 역사연구소에서 수석연구원과 부소장을 역임했다. 그리고 우즈베키스탄 정부 산하 새로운 역사 센터에서 수석 전문가로, 우즈베키스탄국립대학교 전략기획센터 센터장과 총장 자문으로 일했다.

---

8) Ким А. И. Сергей Александрович Тен // Краткие очерки о выдающихся корейцах Узбекистана. Книга вторая. Ташкент: "Истиклол", 2009. - С. 160-170.

9) http://tarix.academia.edu/ValeriyKhan

호서대학교(1998~2000), 한양대학교, 성균관대학교(2011)에서 가르쳤다.

미국과 한국의 여러 대학에서 강의했다. 90여 차례 학술회의와 심포지엄에 참여했으며, 그중 76회는 우즈베키스탄, 카자흐스탄, 키르기스스탄, 아르메니아, 우크라이나, 러시아, 터키, 헝가리, 영국, 루마니아, 독일, 프랑스, 스웨덴, 스위스, 노르웨이, 인도, 한국, 미국, 뉴질랜드 등에서 개최하는 국제학술회의였다.

120편 이상의 학술 논문 저자로 14개국에서 여러 언어로 출간되었다.

20회 이상의 국제학술프로젝트(영국, 한국, 유럽연합, 스위스)에 참여했다. 풀브라이트와 IREX, 코리아 파운데이션에서 연구비를 지원 받았다. 카자흐스탄, 러시아, 인도, 한국의 8개 국제학술잡지의 편집위원이다. 10개 학회의 회원이기도 하다(우즈베키스탄, 한국, 유럽연합, 미국).

우즈베키스탄 고려인문화센터 자문회원(2003~2008)과 한국의 대통령 산하 민평통 자문위원을 역임했다(2001~2005). 고려인 디아스포라의 전략적 발전과 역사문제에 관한 고려인문화센터 회장 자문위원이다.

◎ 한 겐나디 바실리예비치
(Хан Геннадий Васильевич)[10]

1965년에 태어났다. 타시켄트 의학연구소를 졸업했다(1992). 의학 칸디다트이며(2003), 국립 레이저 수술센터 책임자이다.

"우즈베키스탄 외과" 학술지 편집장이다(1999).

◎ 석 알렉산드르 보리소비치(Шек Александр Борисович)[11]

1959년 카라칼팍(Каракалпак)의 타히아타시(Тахиаташ)시에서 태어났다. 타시켄트 의학연구소를 졸업했다(1982).

1992년에 칸디다트 학위를 받았다. 의학박사이며(2004), 국립 심장 순환센터의 허혈성 심장 질환 및 죽상 동맥경화과 과장이며 부센터장이다. 관상 동맥 심장 질환 진단 및 치료에 관한 독립국가연합 의사회 회원이다.

여러 차례 국제 학술 심포지엄에 참여했다.

10) Найти свое призвание // Краткие очерки о выдающихся корейцах Узбекистана. Книга четвертая. Ташкент: "Чинор ЭНК", 2015. - С. 152-156.

11) Нам О. Александр Борисович Шек: "Нас уже смело можно назвать династией" // Краткие очерки о выдающихся корейцах Узбекистана. Книга вторая. Ташкент: "Истиклол", 2009. - С. 181-185.

◎ 엄 뱌체슬라프 테렌티예비치(Эм Вячеслав Терентьевич)[12]

1945년에 타시켄트주에서 태어났다. 고등학교를 우수한 성적으로 졸업하고 대학교에 입학했다. 모스크바 공학-물리연구소의 이론 및 실험 물리학부를 우수한 성적으로 졸업했다(1969).

우즈베키스탄 과학 아카데미 원자력 물리연구소에서 일했으며, 1975년에 칸디다트 학위를, 1991년에 박사학위를 취득했다.

1991년에 우즈베키스탄 과학 아카데미 원자력 물리연구소의 고체 구조 실험실을 지도했다.

100편 이상의 학술 논문의 저자이다.

엄 B.T.는 대전대학교에서 초청을 받아 몇 년 동안 강의했다.

대전시(한국)에 있는 원자력연구소에서 그의 논문에 관심을 표명하여, 그를 전문가로 초청하기도 했다.

처음으로 고려인 과학-기술자 협회인 "진보"를 창설했다. 그 단체의 명예회장이다. 현재 그는 러시아에서 살고 있다.

◎ 유가이 레프 파블로비치(Югай Лев Павлович)[13]

1947년에 타시켄트주에서 태어났다. 타시켄트국립대학교를 졸업하고

---

12) Лим Р. А. Вячеслав Терентьевич Эм // Краткие очерки о выдающихся корейцах Узбекистана. Книга вторая. Ташкент: "Истиклол", 2009. - С. 201-203.

13) Ли Н. Лев Павлович Югай - в гармонии тела и ума // Краткие очерки о выдающихся корейцах Узбекистана. Книга вторая. Ташкент: "Истиклол", 2009. - С. 214-223.

모스크바국립대학교에서 대학원을 마쳤다.

물리-수학 박사이며(1997), 교수이다. 타시켄트국립대학교에서 학과장과 부학장을 역임했다(1976~1991). 스찬대학교 교수(중국, 1991~1992)와, 타시켄트국립동방학연구소 학과장을 역임했다(1992~1995).

100편 이상의 학술 논문을 발표했다. 중국과 한국, 독일, 오스트리아, 일본, 인도, 체코, 러시아, 우크라이나 등에서 강의와 발표를 수행했다.

소련의 삼보와 유도 유단자이며, 유도는 7단으로, 국제심판이기도 하다. 우즈베키스탄 씨름협회 회장이다. 우즈베키스탄 문화체육부의 올림픽 및 스포츠 준비국장이다.

◎ 윤 류보비 미로노브나(Юн Любовь Мироновна)[14]

1939년에 카자흐스탄의 탈디-쿠르간(Талды-Курган)주 카라탈스크(Каратальск) 지역에서 태어났다. 레닌그라드대학교를 졸업했다(1963).

우즈베키스탄 과학아카데미 화학연구소에서 일했다. 화학박사이며(1990), 100편 이상의 논문을 발표했다. 러시아, 카자흐스탄, 한국, 영국, 미국, 일본 등지의 학술대회

---

14) Ли Н. Любовь Мироновна Юн - поэма о вечной любви // Краткие очерки о выдающихся корейцах Узбекистана. Книга четвертая. Ташкент: "Чинор ЭНК", 2015. - С. 224-236.

에서 발표했다.

소련의 명예 발명가이다.

1998년부터 과학-기술가 협회 "진보"의 회장이다. 한국의 민평통 자문위원이다.

제4장
문학과 언론 분야 고려인들

1. 역사적 배경

　소비에트 시기에도 고려인들은 문학 분야에 언론 영역에서 활동을 지속했다. 문학에 대해서 말하자면, 소비에트 시기에 고려인들은 주로 시(주로 단편)와 짧은 산문 분야(이야기, 단편 소설)에서 활동했다.

　독립 시기에 우즈베키스탄 고려인들 사이에서 새로이 소설가들이 등장했다(김 B.H. 소설 "김가네"). 소비에트 시기의 전형적인 리얼리즘 스타일과 함께 판타지와 심리 드라마 장르의 창작 이야기가 나타났다. 그러나 소비에트 시기에서처럼 전문 문학의 문제가 존재하고 있다. 모든 고려인 작가들에게 문학 창작은 무엇보다도 취미 형태로 존재하고 있다.

　언론 분야에 대해서 말하자면, 독립 시기에 고려 사람들의 삶에서 세 가지 중요한 사건이 벌어졌다: 고려인 신문 "친선(Чинсэн)" 창간 (간행자 P. 박), 우즈베키스탄 고려인 신문 "고려 신문(Корё синмун)"

창간(편집장 Б. 김), 독립국가연합 전체 고려인 사이에서 가장 유명한 웹사이트 koryo-saram.ru 개설(제작과 관리자 B. 한).

2. 인물들

◎ 주가이 플라톤 블라디미로비치 (Дюгай Платон Владимирович)[1]

1950년 타시켄트주 얀기율 지역 노보미하일롭카(Новомихайловка) 마을에서 태어났다. 타시켄트국립대학교를 졸업했다 (1985).

"지작스카야 프라브다(Джизакская правда)"의 부편집장과 정부 기관지인 "국민의 말(나로드노예 슬로보 Народное слово)" 의회, 정치, 법과 국제 생활과 편집장으로 일했다.

시와 산문집 "가을날의 아브리스(Абрис осеннего дня)", "저물어가는 여름의 실루엣(Силуэты убывающего лета)의 저자이다.

훈장을 받았다(1992, 2001). 국제 작가협회 회원이다.

---

1) Вера в свое предназначение // Краткие очерки о выдающихся корейцах Узбекистана. Книга третья. Ташкент: Чинор ЭНК, 2012. – С. 21-27.

◎ 김 브루트 인노켄티예비치(Ким Брутт Иннокентьевич)[2]

1959년 10월 31일 안디잔주 보스(Боз) 촌에서 태어났다. 타시켄트국립대학교 언론학부를 졸업했다(1978). 1978~1997년에 국제적인 고려인 신문인 "레닌기치"의 기자였다.

1997년에 우즈베키스탄 고려인 신문인 "고려 신문"을 창간하고 그 신문의 편집장이 되었다.

한국어로 쓴 책 "우리는 누구인가?(Кто мы?)"의 저자이다(서울, 1988). 이 책은 구소련에서 처음으로 소비에트 고려인들의 정보를 담은 것으로 한국에서 출간되었다. 이 책은 러시아어로 번역되고 내용이 보강되어 "우리의 운명의 바람(Ветры наших судеб)"라는 이름으로 출간되었다(타시켄트, 1991).

저자는 "우즈베키스탄의 고려인들 누가 있는가?(Корейцы Узбекистана. Кто есть кто?)"를 러시아어로 출간했다(서울, 1999). 다음과 같은 책의 기획 및 책임 편집자이도 하다:"두만강에서 시르다리야까지(От Тумангана до Сырдарьи)"(타시켄트, 2007), "고려인 르네상스의 백색병(Мучнистые росы корейского Ренессанса)"(타시켄트, 2007), "아리랑-1937(Ариран – 1937)"(타시켄트, 2007).

수상: "우수 노동" 메달(1988), 카자흐스탄 언론인 연합 수상, 한국 대통령의 명예 증서(2002, 2005).

---

2) Хранитель времени и традиций // Краткие очерки о выдающихся корейцах Узбекистана. Книга вторая. Ташкент: Истиклол, 2009. – С. 56-74

한국의 평화 통일 자문위원(1999~2005). 우즈베키스탄 고려인문화센터 연합 이사회 상임위원(2000년부터).

◎ 김 블라디미르 나우모비치(Ким Владимир Наумович)[3]

1946년 타시켄트 교외에서 태어났다. 어릴 때 12살까지 부모님과 함께 북한에서 살았다. 1958년에 우즈베키스탄으로 되돌아왔다. 1973년에 타시켄트국립대학교 언론학부를 졸업했다. "타시켄트대학교", "우즈베키스탄의 콤소몰원" 신문사에서 일했다.

1980년부터 고려인 신문인 "레닌기치"의 기자였고, 이후에 이 신문사의 타시켄트 지국 지국장이었다.

"멀리 떠난(Ушедшие вдаль)"(상트-페테르부르크, 1997: 2010년에 한국에서 한국어로 출간됨(한국어 책명 "멀리 떠나온 사람들")), 소설 "김가네(Кимы)"(2003), 이야기와 논문 모음집 "종달새가 우는 거기(Там, где плачет жаворонок)"(2010)의 저자이다.

В.Н. 김은 페레스트로이카 시기에 가장 적극적으로 활동했던 고려인 중의 한 사람으로, 고려인문화센터 설립을 위한 국가 차원의 조직위원회 부의장으로 활동했다.

수상: 우즈베키스탄 명예 저널리스트(1988).

---

3) Ким Б. Корейцы Узбекистана. Кто есть кто. Сеул, 1999. – С. 44; Век жизни одной семьи // Краткие очерки о выдающихся корейцах Узбекистана. Книга третья. Ташкент: Чинор ЭНК, 2012. – С. 28-34.

◎ 김 마르타(Ким Марта)[4]

1949년 타시켄트주 바르단쿨(Барданкуль) 마을에서 태어났다. 타시켄트국립대학교 철학부를 졸업했다(1972). 오랫동안 산업안전 연구소의 편집인으로 일했으며, "언어와 문학 교습" 잡지의 편집자로도 일했다. 시인이며, 우즈베키스탄 작가동맹의 회원이다.

시선집 "다양한 세계(Разные миры)" (1994), "메아리(Эхо)"(1996), "보름달 (Полнолуние)"(1998), "바람의 장미(Роза ветров)"(2001), "끝임 없는 변전, 시, 수필, 이야기(Круговерть. Стихи, очерки, рассказы)" (2006), "섬(Острова)"(2010)의 저자이다.

◎ 리 블라디미르 니콜라예비치 (Ли Владимир Николаевич)[5]

저널리스트. 1947년에 태어났다. 타시켄트국립대학교 언론학부를 졸업했다(1975).

1985년부터 기자로 활동했으며, "고려일보"의 타시켄트 지국장을 역임했다(1990~1994).

우즈베키스탄 고려인 디아스포라을 천착한

4) Ким Б. Корейцы Узбекистана. Кто есть кто. – Т., 1995. – С. 52.; Счастьежить//КраткиеочеркиовыдающихсякорейцахУзбекистана.Кн игатретья.Ташкент:ЧинорЭНК,2012.–С.39-41.
5) Из реки по имени факт // Краткие очерки о выдающихся корейцах Узбекистана. Книга четвертая. Ташкент: Чинор ЭНК, 2015. – С. 86-94

"희망의 해안(Берег надежды)"(타시켄트, 2012)의 저자이다.

◎ 리 뱌체슬라프 보리소비치(Ли Вячеслав Борисович)[6]

저널리스트, 시인. 1944년 타시켄트주 상치르칙(Верхнечирчик) 지역 아쿠르간(Аккурган)시에서 태어났다.

레닌 모스크바국립사범연구소를 졸업했다(1972). 연구소를 졸업한 뱌체슬라프 리는 시골 학교에서 선생님으로 일했다. 그는 시를 썼는데, 그 시들은 국가의 정기 간행물에 실렸다. "동방의 개척자(Пионер Востока)" 신문의 기자로 일했으며, 고려인 신문인 "레닌기치"에서도 기자로 일했다.

국가의 단편 경선 대회에서 3위에 입상했다.

시선집 "시간의 꽃잎(Лепестки времени)"(2000), "운영의 눈앞에서(Под взглядом судьбы)"(2016)의 저자이다.

◎ 류 겐나디 이바노비치(Лю Геннадий Иванович)[7]

저널리스트. 1946년 10월 12일 시르다리야주 베르흐네볼린스크(Верхневолынск) 지역에서 태어났다. 타시켄트국립대학교 철학부를 졸업했다(1970).

국영 "우즈베키스탄의 콤소몰원" 신문사에서 일했으며, "농촌 진리

6) Ким Б. Корейцы Узбекистана. Кто есть кто. - Т., 1995. - С. 72.

7) Быть востребованным // Краткие очерки о выдающихся корейцах Узбекистана. Книга третья. Ташкент: Чинор ЭНК, 2012. – С. 63-68.

(Сельская правда)"의 부편집장
(1987~1989), "소비에트스카야 카라칼파키야
(Советская каракалпакия)" 편집장
(1989~1991), "동방의 진실(Правда Востока)"
분과장을 역임했다. 그는 잡지 "고려 사람"(상
트-페테르부르크)의 타시켄트 지부를 이끌었
다. "모델 마디야로프(Модель Мадиярова)"
와 "한국의 황금 펜(Золотое перо Кореи)"
의 저자이다.

카라칼팍 상원의 의원에 선출되었다. "두스트릭" 훈장을 받았다.

◎ 박 리타 이서코브나(Пак Рита Исековна)[8]

리타 인서코브나 박은 1960년 구리에브시
(Гурьев, 현재 카자흐스탄 아티라우(Атыр
ay)에서 태어났다. 4살 때 부모님을 따라 우
즈베키스탄으로 이주했다. 일을 쉬지 않고
타시켄트국립대학교 언론학부를 졸업했다.
18살에 우즈벡 텔레비전 스튜디오에서 타이
피스트로 일하기 시작했다. 1990년대에 "친
선" 프로그램에서 TV 저널리스트 자리를
제공받았고, 현재까지 그곳에서 성공적으로 일하고 있다.

2015년에 우즈베키스탄 국영 TV에서 고려인 프로그램인 "친선(우

8) Сен И. «В эфире – «Дружба» // Корё Ильбо. ; «Чинсэну – четверть века»
[Электронный ресурс]. URL: https://koryo-saram.ru/chinsenu-chetvert-
veka/ (дата обращения: 6.12.2017); Интервью, март 2017 г.

정)" 25주년을 맞이했다(1990년 3월 만들어졌다). 처음 2년 동안 인나 손(Инна Сон)이 이끌었고, 그 다음부터 리타 박이 이끌었다. 그녀는 이미 24년 이상 우즈베키스탄 고려인들의 다양한 삶과 그들의 희망과 열망에 대해서 시청자들에게 이야기를 들려주고 있다. 그녀는 종종 이 곳에서 발표자로써 뿐만 아니라 이 기간 중 수 백 개의 프로그램을 만든 재능 있는 시나리오 작가로서도 활동하고 있다.

프로그램은 러시아어로 진행한다. 그러나 오늘날 한국과 관련된 많은 자료들을 소개하고, 한국인들과 인터뷰를 한다. 그래서 그 프로그램은 두 가지 언어로 방송되고 있다(하단에 러시아어로 된 제목이 있다).

1995년에 리타 박은 전세계 한인 TV 프로그램 페스티벌에 참가하기 위해 한국을 처음으로 방문했다. 그 다음 해에는 KBS가 주최한 "서울 상" 경연대회에 뱌체슬라프 김의 비즈니스를 다룬 "올해의 사람"이라는 프로그램으로 참가하여 3등을 차지했다.

그리고 최근까지 그녀는 이 경연대회의 수상자가 되었다: 1997년 "도대체 우니는 누구인가?", 2007년 "삶에서 긴 인생 경로", 2009년 "춤꾼으로서의 내 삶", 2010년 "안녕이라는 이름의 별", 2001년 "20살 아들에게 쓴 편지".

◎ 한 블라디슬라프 빅토로비치
(Хан Владислав Викторович)[9]

1952년 6월 12일 타시켄트주 상-치르칙 지역의 스베르들로프 고려인 집단농장에서 태어났다. 국립러시아어문학 사범연구소를 졸업했다(타시켄트시 1978).

학교와 여러 산업체에서 선생님으로 일했다.

2014년에 러시아 한인 이주 150주년을 기념하여 제작된 책 "고려 사람"(모스크바)의 필자와 편집자로 참여했다. 고려인 관련 일련의 국제학술회의에 참여했다.

독립국가연합 고려인들 사이에서 가장 유명한 웹사이트인 koryo-saram.ru.를 만들고(2009) 운영하고 있다.

9) Создатель сайта «kore saram.ru» // Краткие очерки о выдающихся корейцах Узбекистана. Книга третья. Ташкент: Чинор ЭНК, 2012. – С. 125-128.

제5장
예술(미술) 분야 고려인들

1. 역사적 배경[1]

예레만 P.B.(Еремян Р.В.) 전시와 거장으로서 우스베키스탄 고
려인 화가들//우즈베키스탄 고려인문화센터연합 10주년에 즈음하
여, 타시켄트-서울, 2001, 93~109쪽(요약).

지금까지 우즈베키스탄 고려인 화가들의 예술은 몇 세대에 걸쳐 나
타나고 있다. 원로 세대인 П. Г. 림, П. И. 정, Н. Г. 최, В. С. 지와 기
타 많은 사람들이 어릴 때 극동에서 중앙아시아로 이주해 왔다. 이주민
들 중에는 전통적인 학교의 예술가들과 서예가들이 있었다. 그러나 비
극적인 사건은 그들의 운명을 생존을 위한 것으로 바꿔버렸다. 기껏해

---

1) Еремян Р. В. Корейские художники Узбекистана на выставках и
   мастерских // Десять лет спустя. К 10-й годовщине Ассоциации
   корейских культурных центров Узбекистана. – Ташкент-Сеул, 2001. –
   С. 93-109.

야 그들은 자신들의 아이들의 선생이 되었을 뿐이고, 더 이상 붓을 잡지 못했다.

Б. А. 김, 조명근(Те Менгын), Н. С. 박, Н. А. 김, П. Г. 림, В. С. 지, Н. Д. 정, П. И. 정, Н. С. 신, Н. В. 남, В. И. 리가이, А. М. 권, В. С. 안, В. А. 김 - 이들은 명성과 인정을 받는 원로 세대들이다.

Н. С. 박, Н. С. 신, Н. В. 남은 극장의 화가들이었다. В. И. 리가이와 Б. А. 김은 우즈베키스탄의 명예 칭호를 받았다. 1997년에 Н. С. 신은 한국으로부터 황금별 훈장을 받았는데, 그것은 이러한 훈장을 받은 해외 동포 중에서 최초이다.

고려인들은 많은 면에서 우즈베키스탄 예술의 혁신가들이었다: 기념비적인 유화를 그린 예술 작품들을 구현한 Н. С. 박, Н. С. 신; 성악의 변. С. 김; 실제와 상징을 비유적으로 짜 맞춘 기계 자수의 Н. В. 남. В.С. 안은 옻칠을 한 미니어처의 발전에, В.С. 지는 책 그래픽 미학에서 상당한 공헌을 했다. 흔히 이들은 리듬, 공간 작업, 색상의 진화, 그림과 그래픽 기술, 표현 수단 및 장르의 리뉴얼을 주도하고 있다.

블라디미르 스테파노비치 지는 책 디자인에 자신을 바쳤다. 1953년에 작업을 시작한 그는 우즈베키스탄의 서적 분야에서 가벼운 장식을 한 새로운 구성요소를 도입하여 도서 상품의 디자인 수준을 높이는데 기여했다. <…> В.С. 지는 국제 책 전시회와 국제경연대회에서 책과 도서상품의 디자인과 인쇄의 성과 덕분에 여러 차례 입상과 수상을 했다.

화가이자 디자이너인 파벨 게라시모비치 림은 모스크바 건설연구소(1948)와 오데사 예술학교(1957), "В.И. 무히나" 레닌그라드 고등 예술-공업학교를 졸업하고 1965년에 우즈베키스탄으로 돌아왔다. 그의 예술적인 디자인은 러시아에서 구현되었다: 렌트겐선 장치(레닌그라드 "부레베스트닉(Буревестник)" 공장, 1960), 오토바이(이젭스크 공장, 1962), 자동차(1962), TV 카메라(1963), 전기 장치(1965). 우즈베키스탄에서 성취한 작업들 중에는 회전 기계, 화학 기계의 자동 기계 복합체, 문명 제품들, 예를 들어, 유명한 회전의자, 원통형 갓을 가진 탁상용 램프 등이 있다.

우즈베키스탄의 고려인 예술가들의 창작 활동 분야는 헤아릴 수 없이 많다. 옻칠 미니어처 - В. С. 안, Н. А. 남, Н.В. 최; 극장 - 조명근, С. М. 최, В. И. 리가이, Б. А. 김; 영화 – С. Б. 어가이; 만화 - К. В. 최; 인형극 에니메이션 - Н. С. 채; 장식 및 응용 예술 - Р. И. 나가이 (바틱, 북 감는 기술), З. Б. 김 (도자기), С. М. 최 (식물상 연구); 순수 미술 화가는 변 С. 김; 도서 그래픽 – Э. С. 기가이; 동판화 – А. Д. 리; 일러스트 – Г. Г. 리; 책 디자인 – Г. Ф. 김.

С. Б.어가이, Н. В. 남은 도자기에서부터 시작했다. Ю. П. 김, Н. М. 김, Н. И. 박, Р. Т. 우가이, Ю. С. 마가이, З. Б. 김은 내화 점토와 점토, 유약으로 명확하게 표현했다. Г. Н. 김, О. Н. 김, В. Ф. 김, Н. Н. 김, А. С. 마가이, Ф. С. 김, С. А. 박, Ю. Н. 김, А. Б. 림과 많은 사람들이 여러 도자기 "공장"에서 일하고 있다. 도자기 디자인에 В. Ё. 리, 모형 제작자에 Д. И. 정, 화가 Е. М. 리 등을 기억할 필요가 있다.

니콜라이 미하일로비치 박의 조각 활동은 유럽 조각 특징의 또 다른 방향을 제시하고 있다. <…> 그의 작품의 기본적인 장르는 초상이다. 그것은 "농민들(Труженики сельского хозяйства)", "대조국방어 전쟁의 베테랑(Ветераны Отечественной войны)", "역사에서 그리고 오늘날의 아이들(Дети в истории и современности)" 등의 일련의 시리즈로 분류할 수 있다. 40년 동안 Н.М. 박의 창작 활동은 호레즘과 연관되어 있다: "오가히(Огахи)" 우르겐치(Ургенч) 국립 음악-드라마 극장에서 화가(1956~1960)와 포스터 작가로서의 활동;

그는 1964년에 우르겐치 예술생산자회가 설립된 후에 전적으로 조각에 매진할 수 있었다. 대표작으로는 "벼 농사꾼 박 디오노스(Рисовод Пак Дионос)"(1961~1962), "벼농사 작업반장 Н.М. 박(Бригадир-рисовод Н.М. Пак)"(1968)을 꼽을 수 있다. 타시켄트로 이주하기 전에 Н.М. 박은 기념비적인 프로젝트인 "호레즘주 구를렌 지역의 사람들-얀기 시장 사람들에 대한 기념비" 실행에 참여했다(1980).

조각품에서 니콜라이 남은 자신의 재능을 입증했다. 시에서 영감을 얻은 조각상은 기억에 남을 만한 작품을 염두에 두었지만 주조의 어려움으로 단 하나의 작품만이 남게 되었다. Н.В. 남의 "항아리를 든 여자(Женщина с кувшином)"(1975), 좀 이후에 Н.М. 박의 작품 "유-파르하드(Юй-Фархад)"(1986)와 새로운 세대의 조각가 В.И 박의 조각 작품들인 "메추라기(Перепёлка)"(1994), "스모 선수(Борец сумо)"(1998)는 유럽 학파와 중국 및 아시아 조각의 명확한 특징을 잘 융합한 성격을 지니고 있다.

80년대의 특징인 철학적-시적 흐름의 해방은 작품 스타일의 다양화로 이어졌다. 그러한 특징은 90년대에 예술가들에게 판타지 공간을 제공하면서 10여 년 중반과 다음 단계 초기에 강화되었다. 일련의 잊혀진 문화유산에 대한 발산 대신에 동양의 보고로부터 추출한 경험을 "시각적으로" 공개하는 것으로 나아갔다. 고려인 작가들이 자연의 주제로부터 자신의 깊은 이해를 얻었고, 게오르기 김과 블라디미르 박의 조각 작품들로 외화 되었다.

우즈베키스탄 고려인 화가들이 자화상에 관심을 갖기 시작했다; 그들은 작품이 역사-문화적 질서의 심리적 뉘앙스와 함께 사회적 현상으로부터 분리할 수 없는 작품 스타일의 특징으로 등장할 때 그 예를 보여주고 있다. 일찍이 1939년부터 나타난 Н.С. 박의 자화상들은 큰 규모의 그림으로 변모했다. 그것들은 그가 제작한 일련의 작품들, 예를 들어 "땅("최영근")", "의장", "이중 노동영웅 김병화", 집단농장원, 음악가, 배우, 화가들의 초상화와 함께 1974~1978년에 절정에 달했다. 1992년 니콜라이 시묘노비치 박이 사망할 때까지 그의 자화상은 국가적이고 창조적인 자긍심을 고조시키는데 적절했다.

자신의 인식을 드러내는 형태인 개인적인 채색은 예술가들의 진솔한 신념을 이끌어내는 것이다. 그것은 인간 공동체의 개념에 얽매여 있는 전기적인 사실들과 정서적인 주제 형태에 영향을 주는 것으로 표현된다. 이미지는 예술가와 시간의 내러티브에서 영적인 내용으로 구성되며, 특히 자전적 계시와 삶의 다면적 표현이 상호 연관되어 있다. B. A. 제, A. B. 리, И. И. 신, K. B. 엄, Ж. B. 박(최), С. M. 최, H. 용, A. Л. 리, T. A. 리, Д. Г. 박, С. Г. 신, E. M. 리, M. B. 박, B. B. 김, B. Ё. 리 등은 자신의 임무를 실현하는 창작 과정에서 다채로운 형태의 자신의 스타일을 고수함으로써 예술가들의 창작 욕구를 자극하는 묘사를 풍부하게 했다.

H. C. 박, H. C. 신, 변. C. 김에게 드러낸 사람들의 탄성을 획기적으로 자아내는 분석적 태도(방식)는 이후에 자신의 작품으로 표현하는 젊은 동료 및 예술가들에게 더 많은 관심을 돌리게 했다; 개인적인 묘사를 강조하는 것이 증가했다. 치나즈(Чиназ)시 출신의 쟌나 박(최)은 모스크바에서 개최된 "나라의 젊은이들(Молодость страны)"이라는 전 소련 차원의 전시회에 자화상을 출품했다(1976). 11명의 우즈베키스탄 작가들과 함께 "모든 눈으로 보는 눈 아래에서(Под знаком B севидящего Ока)"라는 모스크바 전람회에 참가한 A.П. 리의 자화상(1988)은 프랑스 수집가의 소장품이 되었다(1991). 장르의 모토가 바뀌고 있다. 예술가들이 자신의 시선으로 전체 세대의 기억을 포착할 때 새로운 형성 단계의 화가들은 절대적인 확신으로부터 개인적인 자

기 평가로 바뀌었다. 사려 깊은 생각을 가진 인물들로 스베틀라나 최, 듀몬 박, 이스크라 신, 베로니카 리를 꼽을 수 있다.

옐레나 리의 작품들은 속도의 역학을 정열적인 열정으로, 무한한 상상력으로 가득한 매혹적인 변형들을 담고 있다. "검은 후광을 지닌 자화상(Автопортрет с черным нимбом)"(1990), "순례자들(Странницы)"(1995), "점쟁이(Гадалка)"(1996), "클레오파트라(Клеопатра)"(1998), "프랑스 여인(Француженка)"(2000)등의 작품들에 대한 다양한 해석들은 작품들의 새로운 활력을 이끌어 낸다.

우즈베키스탄 고려인 예술가들의 작품 내용은 빛에 의해 결정되지만 높은 영적 힘이 과거를 반영한다. 빛은 글자 그대로의 의미와 비유적 의미로 정의된다: Н.И. 박처럼 복잡한 구현 수단으로; А.Д. 리가이는 염원과 심념으로, И.И. 신에게 빈은 새로운 계절, 봄으로; И.Н. 신에게 빛은 영성으로; "인-양" А.В.의 성상화와 Г.Г. 리에게 이성의 빛으로; Т.А.와 М.А. 리에게는 빛은 색채로; Л.С.김에게 빛은 날카로운 색채 감도로; Н.С. 신과 Вен. С. 김에게 빛은 생명채의 형태를 드러내는 것으로; Г.Н.김에게 빛은 무한한 거대함으로, Л.С. 강에게 빛은 산의 서곡이었다. 그것은 В.С 지에게 책 디자인으로, Э.С. 기가이에게는 가는 선의 몽타쥬로, Н.С. 박의 캔버스의 공간으로, Н.В. 남의 수잔으로, С.М. 최의 플로리스트로 В.И. 박과 А.Б. 림의 에니메이션 구성으로, Д.И. 정의 무도회 의상으로 표현되었다.

그것은 М.В. 허가이의 파노라마식 극장 풍경으로 나타나기도 한다. 분산되는 색채의 흐름을 지닌 특수한 빛은 "카를라구의 헌신(Посвящение Карлагу)"(1991), "샤흐리사밥제에 있는 자한기르의 무덤(Мавзолей Джахангира в Шахрисабзе)"(1992)과 같은 역사의 비극적인 반복의 울림을 가진 허가이의 세계의 풍경을 똑같이 조명한다.

또 다른 경향들은 가장 풍부한 음악적-거대한 즉흥곡과 같이 표현하는 작품들을 보여주는 예술가들이다. 이 범주에는 Н. И. 박, И. И. 신, В. Сем. 김 등이 있다.

우즈베키스탄 고려인 작가들에게 모더니스트적 경향은 두드러지지 않는다; 그것은 표현의 불가분성과 민족의 전통 문화의 힘이다. 고려인들 예술가들의 세계관에서 스타일에 대한 현대적 이해 관점을 가진 표현주의, 미래주의, 형식주의의 특징들이 그 기원을 가지고 있다.

마리야 리(М. 사피 리)의 많은 색을 담은 그림 채는 숙련된 화가들에게 매혹적인 장면들("거래(Сделка)", 1994)과 변화("루살카(Русалка)", 1999)로 되돌아갈 가능성을 제공해 주었다.

1991년부터 М.리는 심원한 드라마적 요소의 그룹화된 이미지로부터 미묘한 그래픽 작업 수단의 영향의 경계를 밀고 나감으로써 결합된 기술을 복잡하게 만들었다. "나무(дерево)", "바위(Камни)", "구름(Облако)", "침묵(Молчание)"(이상 1991)에서부터 "아들에게 온 편지(Письмо от сына)"(1993)와 거대한 시리즈 "환상의 바다(Морские фантазии)"(1994)에 이르기까지.

또 다른 예술가 집단은 타시켄트 화가들이다. 그들 중 블라디미르 세르게예비치 김이 대표적이다. "나비 사냥꾼(Ловцы бабочек)"(1994, 1996), "탱고(Танго)"(1995), "광견병 개의 사냥(Охота на бешенных собак)"(1995)들은 비극적 사건에 끌리는 작가에 대해 말하고 있다. 순간을 포착한 짧은 시간을 표현한 작품들은 "시간"을 시리즈로 표현한 불안한 의문을 지닌 작품 "예감 아침 5시(Ожидание. 5 утра)"(1995), "아침(Утро)"(1996)에 이르기 까지 "거장(Мастер)"(1996) 갤러리의 개인 전시회에서 결합되었다. 최근 작품에서 В.С. 김은 익은 사과, 버섯, 커피 잔의 밀도 높은 묘사에서 새벽 시간을 황금빛으로 이어지는 색채로 변모하고 있다. 2000년의 새로운 시리즈는 "마르기날리(Маргиналия)"라 불린다. 이것은 그림의 여백에 대한 징표이다. 아마도 작가가 많은 의도를 담고 있는 황금빛은 이전 시리즈에서 표현된 불안하고 언제나 매력적인 부분을 기본적이고 무거운 상호 작용하는 주제로 여백을 표현하고 있다. 1995~1998년 시기의 "성서 주제" 첫 번째 부분은 현대의 모습으로 그로테스크를 통해 알려진 비유의 해석을 나타낸다("유다의 키스(Поцелуй Иуды)", 1996; "예루살렘 입구(Вход в Иерусалим)", 1998). 거대한 도덕적, 역사적 일반화의 그림들은 학식있는 사람들의 아이러니, 현대 비논리사의 지성 게임, 예로니모 성인(Иероним Босха)의 날카로운 기지의 교훈을 따른다.

1990년대에는 개인 전시회가 많이 개최되었다. H.C. 박과 H.C. 신이 다시 등장하고 있다. Х. И 강, Н. М. 김, В. С. 안, Н. С. 최, А. Д. 리가이의 전시회가 있었다. 안디잔과 페르가나에서 В. И. 리가이와 В. А. 김의 전시회가 개최되었다. И. И. 신, В. Сер. 김, В. Сем. 김, Н. И. 박, Г. Н. 김, Г. Г. 리, А. В. 리, В. Ё. 리, Е. М 리, Т. А 리, М. А 리, А. Д. 리는 차세대를 대표하는 예술가들이다. 이들은 개인전시회를 개최했는데 그들 중 많은 사람들이 여러 차례 전시회를 개최하기도 했다. 그들은 우즈베키스탄과 멀리 해외에 있는 다양한 창작 단체와 문화 센터, 사무소, 개인 갤러리 등에서 전시를 행했다.

우즈베키스탄 예술 아카데미는 1997년 1월에 설립되었다. 이 아카데미는 우즈베키스탄 고려인 작가들의 작품을 독창적이고 능력있는 거장의 작품이라고 적극적으로 선전하고 있다. 우즈베키스탄 고려인 작가들의 전시회는 매년 진행되고 있는데, 한국 대사관과 우즈베키스탄 고려인 문화 협회가 공동으로 개최하고 있다.

2. 인물들

◎ 안 빅토르 이바노비치(Ан Виктор Иванович)[2]

1947년 타시켄트주 페켄트(Пекент)시에서 태어났다. 수문 기상학을 공부했다. 사진 촬영은 1979년부터 배우기 시작했다. 고려인 신문인 "레닌기치"에서 사진기자 일했다. 2000부터 우즈베키스탄 예술가 창작 아카데미 연합 회원이다. 러시아 사진작가 동맹 회원이다. 국제사진작가연맹(FIAP) 회원이다.

많은 개인전을 개최했다: 1995년 고베시(일본), 1996년 서울시와 대구시(한국), 1997년 알마티시(카자흐스탄), 2002년 타시켄트시(우

즈베키스탄, 2002년 도쿄시와 쿠마모토시(일본), 2007년 타시켄트시(우즈베키스탄), 2009년 모스크바시(러시아). 우즈베키스탄, 벨기에, 네덜란드, 일본에서 연합 전시회에 참여했다.

작가의 사진집은 다음과 같다: 1999년 "유치로(До вострбования)", "고려극장 66년(66 лет корейскому театру)". 작가의 사진집 일러스트레

---

2) Фотография – это мое дело // Краткие очерки о выдающихся корейцах Узбекистана. Книга четвертая. Ташкент: Чинор ЭНК, 2015. – С. 7-12.

이션으로는 "카자흐스탄 고려인의 역사(История корейцев Казахстана)" (1997), "여자와 시간, 우즈베키스탄, 20세기(Женщина и время. Узбекистан, XX века)"(2003), 책으로는 "강제이주 당한 고려 사람 (Депортированные коре сарам)"(2003, 일본), 사진집으로 "우즈 벡의 사진 125년(125 лет узбекской фотографии)"(2005~2006, 타 시켄트) 등이 있다.

　　수상: 우즈베키스탄 예술가 아카데미 은메달(2007).

◎ 안 블라디미르 세르게예비치
(Ан Владимир Сергеевич (Ан Ир))[3]

예술가. 1929년 연해주에서 태어났다. "고리키" 팔레흐(Палех) 국립예술학교 (училище)와 모스크바 예술-생산가 학교의 고등 교육분과(대학과정)를 졸업했다.

1967년부터 소련의 화가동맹 회원이다.

우즈베키스탄 예술창작협회 회원이다.

수상: 1970년 우즈벡 사회주의공화국 문화부 장관 표창장, 1985년 소련 최고 인민

교육가, 1999년 한국 김대중 대통령의 표창장과 명예 대통령 메달, 2001년 우즈베키스탄 공화국 "우정" 훈장, 2008년 우즈베키스탄 미술 발전에 탁월한 기여를 한 공로로 우즈베키스탄 예술 아카데미 황금 메달 수상.

고려인의 하늘(1995년)

---

3) Ким А., Лим Р. Владимир Сергеевич Ан // Краткие очерки о выдающихся корейцах Узбекистана. Книга вторая. Ташкент: Истиклол, 2009. – С. 39-46.

◎ 리 알렉산드르 블라디미로비치
(Ли Александр Владимирович)[4]

1941년 마르길란(Маргилан)시에서 태어났다. 1964년 국립예술학교와, 1969년에 타시켄트 극장-예술가 연구소를 졸업했다.

1965년부터 우즈베키스탄과 해외의 작가들의 전시회에 참여했다.

1969년부터 가푸르 굴럄(Гафур Гулям) 출판사의 예술 감독이었다.

농가(Дворик), 1999년

바람(Ветерок), 2000년

---

4) http://artru.info/ar/10083/; https://koryo-saram.ru/hudozhnik-aleksandr-li-zhivopisets-grafik/

1972년부터 벤코프 국립예술학교의 강사였다.

1974년부터 우즈베키스탄의 작가동맹과 창작 작가 협회의회원이다.

1982년부터 국립예술디자인연구소의 강사였다.

1991년 50세 기념 개인전을 개최했다(타시켄트).

2001년에 60세 기념 개인전을 열었다(타시켄트).

2001년에 우즈베키스탄 예술가 아카데미에서 은메달을 수상했다.

2017년에 우즈베키스탄 예술가 아카데미에서 금메달을 수상했다.

◎ 리 타티야나 알렉산드로브나 (Ли Татьяна Александровна)⁵⁾

1965년 타시켄트시에서 태어났다. 벤코프 국립예술학교(1984)와 M. 위구르 타시켄트국립예술연구소를 졸업했다(1991).

1993년부터 우즈베키스탄 예술가 아카데미 산하 창작가 협회 회원이다. 2011년부터 ИЗО ДШМИ № 18에서 가르치고 있다.

수상: "최고 교육가"(2014).

주요 전시회: 개인전 - 타시켄트시(1992, 1995, 2002, 2012), 알마티시(2005, 2008), 여타 전시회 – 타시켄트시 (2001, 2003, 2004, 2005, 2010, 2011, 2012, 2013, 2015, 2016, 2017), 알마티시(2006), 모스크바시(2004), 한국의 강화도(2000).

---

5) https://koryo-saram.ru/azijskij-dom-vystavka-zhivopisi-i-grafiki/

◎ 리-사피 마리야 알렉산드로브나
 (Ли-Сафи Мария Александровна)[6]

1971년 우즈베키스탄 타시켄트시에서 태어났다.

벤코프 국립예술학교(1990)와 M. 위구르 타시켄트국립예술연구소를 졸업했다 (1996).

1998년부터 우즈베키스탄 예술가 아카데미 산하 창작가 협회 회원이다.

6) https://koryo-saram.ru/azijskij-dom-vystavka-zhivopisi-i-grafiki/; http://
www.liveinternet.ru/users/4069215/post296565800/

1998~2001년에 위구르 타시켄트 국립예술연구소에서 가르쳤다.

2001~2004년에 РЛИиПИ에서 가르쳤다.

2009년부터 K. 베흐조드(Бехзод) 국립예술디자인연구소 책 디자인과 미니어쳐 과에서 가르치고 있다.

주요 전시회 : 타시켄트시에서 개인전을 열었으며(1993, 2009), 타시켄트시(2001, 2004, 2005, 2009, 2010, 2011, 2012, 2015, 2016, 2017)와 모스크바(2004), 한국의 강화도(2000), 벨기에(2016)에서 개최되는 여러 전시회에 참여했다.

◎ 리 옐레나 미하일로브나(Ли Елена Михайловна)[7]

1970년 타시켄트시에서 태어났다. 1994년에 벤코프 예술학교를 졸업했다.

2002년부터 우즈베키스탄 예술가 아카데미 산하 창작가 협회 회원이다. 우즈베키스탄, 카자흐스탄, 영국, 한국 등의 많은 전시회에 참여했다.

푸른 나무줄기(Голубые стволы). 2001.

---

7) http://art-blog.uz/archives/21496

수선화(Нарциссы), 2015.

◎ 림 라나 세르게예브나(Лим Лана Сергеевна)[8]

1961년 누쿠스(Нукус)시에서 태어났다. 1985년 알마티(Алма-Атинск) 극장-예술 연구소를 졸업했다.

우즈베키스탄 예술가 아카데미 산하 창작가 협회 회원이다.

우즈베키스탄과 여러 국제 전시회에 참여했다.

그녀의 작품들은 미술 전시회 디렉터 컬렉션 및 개인 소장으로 있다.

---

8) http://art-blog.uz/archives/21496

구성(Композиция), 2013.

울고 있는 소녀(Плачущая девочка), 2013.

◎ 박 니콜라이 일리치(Пак Николай Ильич)[9]

1955년 카자흐스탄에서 태어났다. 1976~1980년에 벤코프 국립예술학교에서 공부했다.

1991년에 우즈베키스탄 화가동맹에 가입했다. 우즈베키스탄과 해외 전시회에 여러 차례 참가했다.

작가는 몇 차례 개인 전시회를 개최했다 (1991년 타시켄트, 1995년 독일, 2000년 서울, 2007년 오스트리아).

현재 K. 베흐조드(Бехзод) 국립예술디자인연구소에서 가르치고 있다. 니콜라이 박의 작품들은 우즈베키스탄과 해외의 박물관과 개인 소장으로 되어 있다.

접시, 도자기(Тарелка, керамика)

이방인(Пришелец), 2008

9) http://art-blog.uz/archives/5458; http://mg.uz/publish/doc/text60718_otkryl as_vystavka_nikolaya_paka_zavorojennyy_mig

◎ 장 겐나디 바실리예비치(Тян Геннадий Васильевич)[10]

1950년 타시켄트주 중-치르칙 지역에서 태어났다.

치르칙시에 있는 공업기술학교를 졸업했다(1975).

금속제품으로 작업하고 있다. 작가의 작품인 종이 우즈베키스탄 고려인 거주 80주년을 기념하는 상징적인 예술작품이었다.

10) Память. 1937~2017. – Ташкент, 2017. – C. 32.

◎ 허가이 미르 빅토로비치(Хегай Мир Викторович)[11]

1952년 타시켄트주의 스베르들로프 집 단농장(신영동 Синендон)에서 태어났다.

1969~1972년 크룹스카야(Крупская) 통신예술대학에서 공부했다(모스크바).

1973년에 타시켄트 벤코프 국립예술학교 미술 교육학과를 졸업했다.

1990년부터 소련 화가동맹 회원이다.

1991년부터 우즈베키스탄 예술가 아카데미 산하 창작가 협회 회원이다.

1973년부터 우즈베키스탄과 국제 전시회에 참여하고 있다.

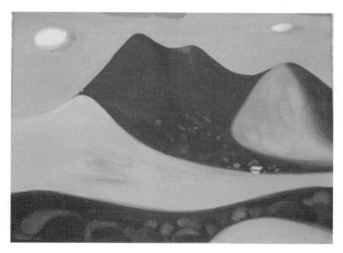

흐린 날(Облачный день), 2004.

---

11) https://koryo-saram.ru/hudozhnik-hegaj-mir/

◎ 신 이스크라 일리니츠나(Шин Искра Ильинична)[12]

화가. 1951년 호레즘(Хорезм)시에서 태어났다.

벤코프 국립예술학교 미술 교육학과와 (1974) 오스트롭스키(Островский) 극장 예술연구소 기념물 회화학과를 졸업했다 (1979).

많은 전시회에 참여했다. 2005년에 베를린에서 개인 전시회, 2007년에 서울 예술의 전당에서 개인전시회를 개최했다.

바람에 휘날리는 꽃(Цветынаветру), 2007

1988년에 소련 화가동맹 회원이 되었다.

1997년 우즈베키스탄 예술가 아카데미 산하 창작가 협회 회원이다.

수상: 우즈베키스탄 예술가 아카데미 은메달(2001), 우즈베키스탄 국가 수상자 (2002), "명예문화인(Заслуженный работник культуры)"(2002) 칭호, 명예 서울 시민(1995).

작가의 작품들은 이크라

---

12) Мечта на ладони // Краткие очерки о выдающихся корейцах Узбекистана. Книга третья. Ташкент: Чинор ЭНК, 2012. – С. 152-155.

모프(Икрамов) 예술 문화 국립역사박물관과 우르겐치 예술 갤러리, 우즈베키스탄 문화부 관리 전시회, 미국, 이스라엘, 아랍에미레이트, 한국의 갤러리에 소장되어 있다.

그녀의 그림이 가지고 있는 중요한 특징은 긍정적인 에너지를 담고 있다는 것이다.

작가는 정말로 기념비적인 인물이라 할 수 있다. 그래서 솔직히 즐겁게 그녀는 색과 리듬을 사용하고, 예술적 대상을 화폭에 능숙하게 결합하고, 공간감을 살린다.

제6장
예술(배우) 분야 고려인들

1. 역사적 배경

문화 예술 분야의 여러 측면에서 고려인들은 토한 유명하다.

우즈베키스탄에서 대표적인 고려인들은 다음과 같다: 발레 - В. 예가이, К. Н. 김, 대중음악 - Г. 신, О. Н. 고가이, 클래식 음악 - А. Б. 김, Н. Х. 리, С. 정, 민속 무용 - Е. Н. 김, 황정욱, 전통춤 - Р. 강; 작곡 - Д. Н. 리, 박영진, Е. 박, 정인묵과 기타.

일련의 고려인 문화 활동가들은 "우즈베키스탄의 명예 예술가", "우즈베키스탄의 명예 문화 활동가", "우즈베키스탄의 명예 예술 활동가" 칭호를 받았다.

2. 인물들

◎ 예가이 블라디슬라프(Егай Владислав)[1]

발레 예술가.

1948년 타시켄트에서 태어났다. 타시켄트 안무 학교와 모스크바 안무 아카데미 학교를 졸업했다. 1970년부터 나보이(Навои) 국립 볼쇼이 오페라 발레 극장에서 활동하기 시작했다.

그는 30개 이상의 작품에 참여했다.

모스크바 페스티벌(1974)과 알마티 페스티벌(1982) 수상자이며 베를린 국제 페스티벌에 참여했다.

수상: 우즈베키스탄 명예 예술가(1986)이며 "탁월한 활동" 메달을 수상했다.

---

1) Ким Б. Корейцы Узбекистана. Кто есть кто. - Т., 1999. - С. 26.

◎ '레트로' 4중창단(КВАРТЕТ «РЕТРО»)[2]

올렉 고가이(Олег Когай)

보리스 남(Борис Нам)

블라디미르 강(Владимир Кан)

뱌체슬라프 김(Вячеслав Ким)

4중창단은 2004년에 만들어졌다.

창립자이자 예술 감독은 올렉 인노켄티예비치 고가이이다. 그는 1944년 "프라브다" 집단농장에서 태어났다. 함자(Хамза) 타시켄트 음악학교 취주학과를 졸업하고 타시켄트 문화연구소 합창 지휘과를 졸업했다. 4년 동안 "가야금" 합창단에서 활동했다. 그리고 기업 활동에 종

2) «Ретро» - сердца четырех // Краткие очерки об известных корейцах Узбекистана. Книга пятая. Ташкент: Тасвир, 2017. – С. 166-171; https://koryo-saram.ru/kvartet-retro-eto-moshh-krasota-elegantnost/

사했다.

보리스 남은 내무인민위원부에서 일했다.

블라디미르 강은 유명한 고려인 대중 가수로 "청춘(Чен-Чун)" 합창단의 솔로로 활동했으며, "젊은 목소리"라는 전 소련 경연대회에서 수상했다.

뱌체슬라프 김은 체육연구소를 졸업했으며, 세단 멀리뛰기 우즈베키스탄 챔피언이며, "폴리트옷젤" 집단농장 여자 필드하키 코치이다. 또한 "노인단(Ноиндан)" 합창단 지도자이다.

수상: KBS 라디오 경연대회에서 그랑프리를 수상했다.

◎ 김 막달리나(Ким Магдалина)[3]

1965년 1월 22일 타시켄트주에서 태어났다. 글린카(Глинка) 음악학교에서 피아노를 전공했으며, 라자바(Раджаба) 음악-사범학교를 졸업했다. 가수이자 교육자이며 합창단 지휘자이다.

"신선(Син-Сен)" 극장, 어린이 창작 단체인 "광복(Кванбок)", 기악 합주 합창단인 "봄바람(Весенний ветер)", "아리랑(Ариран)" 극장에서 솔로로 활동했다.

"4월의 봄(Апрельская весна)" 축제에서 세 번 수상했다. "우즈벡 민족 노래의 명확한 실현(Яркое исполнение узбекской национальной песни)" 명칭으로 "우즈베키스탄 –우리 모두의 집(Узбекис

---

3) Королева корейской эстрады // Краткие очерки о выдающихся корейцах Узбекистана. Книга пятая. Ташкент: Тасвир, 2017. – С. 119-122.

тан — наш общий дом)" 제6회 우즈베키스탄 친선과 문화 축제에서 우승했다(2017).

◎ 남 이리나 블라디미로브나(Нам Ирина Владимировна)⁴⁾

타시켄트주 솔다트스코예(Солдатское) 마을에서 태어났다.

1998년부터 2003년까지 평양에서 공부했다: 1년은 한국어 사범 연구소에서, 4년은 한국 전통 합창 학부 음악원에서 공부했다.

2007년에 어린이 춤 합창단인 "미소 (Мисо)"를 창단했다. 그 합창단은 어린이 반, 중급반, 고급반으로 구성되어 있다.

유명한 가수이다. "4월의 봄" 국제 페스티벌에서 여러 차례 수상했다.

"미소" 합창단

----

4) http://koredo.ru/irina-nam

◎ 정 소피야(Тен Софья)[5]

 1946년 안디잔주의 쿠르간 텝(Курган-Теп) 집단농장에서 태어났다. 나망간 음악학교를 졸업했다. 1966년에 타시켄트시 음악원에 입학했다. 3학년 때 소피야 정은 작곡가인 박영진에 의해 우즈베키스탄 국립필하모니 솔리스트로 선발되었다. 우즈베키스탄 국립 필 하모니 산하에 고려인 합창단인 "가야금"이 만들어 졌었다(1969~1974).

4년 후에 아들을 낳은 후 음악 부서로 옮겨서 심포니 오케스트라와 함께 소련으로 공연을 다니면서 활동했다. 그리고 독일과 한국, 그리고 미국에서도 공연을 했다. 필하모니 산하에 민속악기 오케스트라와 긴밀하게 협력했다.

서정적이고 콜로라투라 소프라노 가수이다.[6]

현재 우즈베키스탄 고려인문화센터협회에 조력하고 있으며 아티스트 길드(Гильдия артистов)의 회장으로 있다. 타시켄트시 문화센터와 함께 우즈베키스탄 전역에 공연을 다니고 있으며 타시켄트에서 여러 차례 공연했다. 사회자로도 활동하고 있다.

음악학교에서 가르치고 있으며, 최고급 합창단을 지도하고 있다. 집에서 개인교습을 하기도 한다.

---

5) Песня всегда со мной // Краткие очерки о выдающихся корейцах Узбекистана. Книга третья. Ташкент: Чинор ЭНК, 2012. – С. 115-118.
6) 장식적이며 기교적인 노래를 부르는데 적당한 소프라노 – 역자 주.

◎ 한 발렌틴 세르게예비치(Хан Валентин Сергеевич)[7]

1942년에 태어났다. 나망간 음악학교
(1966)와 알마티 음악원을 졸업했다.

사마르칸트 오페라극장과 크즐오르다 고
려인 극장, 그리고 기악합주 합창단인 "가야
금"에서 활동했다.

우즈베키스탄 고려인 활동에 적극적으로
참여하고 있다.

◎ 최 조야 니콜라예브나(Цой Зоя Николаевна)[8]

유명한 전문 가수이다. 우즈베키스탄의
명예 아티스트이다(2009). 타시켄트 국립음
악원 대중음악과에서 가르쳤다.

우즈베키스탄 사람들 사이에서 인기가
높다. "우즈베키스탄의 고려인 노래(Корей
ская песня в Узбекистане)"라는 주제
로 칸디다트 학위를 받았다(2009).

---

7) Талант дарить радость // Краткие очерки о выдающихся корейцах
Узбекистана. Книга третья. Ташкент: Чинор ЭНК, 2012. – С. 119-124.
8) Хозяйка своей судьбы // Краткие очерки о выдающихся корейцах
Узбекистана. Книга третья. Ташкент: Чинор ЭНК, 2012. – С. 140-145.

◎ 신 갈리나 아나톨리예브나(Шин Галина Анатольевна)[9]

1956년 타시켄트주 아쿠르간(Аккурган) 지역에서 태어났다. 옴스크 문화-교육 학교를 졸업했다(1975). "청춘" 합창단에서 솔로로 활동했다.

레닌 콤소몰(1977)상을 수상했으며, "4월의 봄" 국제 페스티벌에서 상을 탔다(1989, 1991, 1992). 우즈베키스탄 공훈 아티스트이다(1984). 메조소프라노이다.

◎ 한 마르가리타 류리예브나(Хан Маргарита Люрьевна)[10]

"고려 Корё" 합창단의 지도자

1960년 10월 31일 사할린 섬에서 태어났다. 우즈벡 안무학교 민족 전통춤 반을 졸업했다(1978). 안무학교를 졸업한 후에 나보이 국립 아카데미 오페라 발레 대극장에서 민족 전통 무용가로, "가야금"과 "청춘" 합창단의 군무단원으로 활동했다. 타시켄트 극장-예술 연구소를 졸업했다(1989).

평양과 서울의 국제 페스티벌에서 수상했다.

서울 예술의 전당에서 한국의 전통춤 공연을 펼쳤고, 한국의 국립극장에서 연수했다. "고려" 합창단과 어린이 무용 스튜디오인 "진달래(Тиндалле)"를 만들었다.

9) Ким А. И. Галина Анатольевна Шин. Заслуженная артистка Республики Узбекистан // Краткие очерки о выдающихся корейцах Узбекистана. Книга вторая. Ташкент: Истиклол, 2009. - С. 195-200.; Ким Б. Корейцы Узбекистана. Кто есть кто. - Т., 1995. - С. 128.

10) http://koredo.ru/margarita-khan

제7장
체육 분야 고려인들

1. 역사적 배경

　20세기 말에 소비에트 고려인 스포츠맨들의 잠재력이 정말로 강력하게 발현되었다. 소비에트 고려인들이 달성한 그러한 스포츠 업적들은 세계 한인 동포 사회 그 어디에서도 찾아보기 힘들다. 우즈베키스탄에서 고려인 스포츠맨들은 다음과 같은 타이틀을 획득했다:

　　역도 – 우즈베키스탄 챔피언(B.A. 리가이); 소련 챔피언 수상자들
　　　　　(B.И.안과 B.A 리가이); 우즈베키스탄 챔피언 수상(Д.Ф. 김).
　　유도 – 우즈베키스탄 챔피언과 소련의 챔피언(H.P. 안).
　　삼보 – 우즈베키스탄 챔피언(Г. Г. 김, B. A. 김, P. M. 김, Ю. C.
　　　　　김, M. Д. 리); 카자흐스탄 챔피언(B.A. 김), 소련 청소년 챔
　　　　　피언(Г.Г. 김 P.M. 김), 소련 챔피언 수상(M.Ф. 안), 유럽챔
　　　　　피언(M.Ф. 안), 작은 세계선수권 챔피언(M.Ф. 안), 세계 청

소년선수권 수상(P.M. 김), 세계선수권 수상(P.M. 김).

쿠라시(кураш)[1] - 우즈베키스탄 챔피언(И.О. 니가이).

복싱 – 우즈베키스탄 챔피언(А.Д. 최), 우즈베키스탄 챔피언 수상
자(А.Д.진, А.П. 양), 소련 챔피언(Ф.Ф. 박), 소련 컵 수상자
(Ф.Ф. 박), 소련 챔피언 수상자(Ф.Ф. 박, В.Н. 신), 소련 군
대 챔피언(Г.Б. 정, В.Н. 신), 소련 군대 챔피언 수상자(Р.А.
렴), 유럽 청소년선수권 챔피언(Ф.Ф. 박), 세계 선수권 수상
자(В.Н. 신), 세계 컵 수상자(В.Н. 신).

그레코로만형 레슬링 – 우즈베키스탄 챔피언(М.Н. 리, О.Л. 백),
소련 챔피언 수상자(М.Н. 리).

가라데 – 우즈베키스탄 챔피언(А. Ф. 리, А. В. 리, М. Н. 리, В. В.
리가이, О. Л. 백), 소련 챔피언(М. Н. 리, Э. Н. 리, Н. А.
유가이); 소련 챔피언 수상자(А.В. 리, О.Л. 백); 소련 청소
년선수권 챔피언(А.В. 리).

태권도 - 우즈베키스탄 챔피언(А. Э. 김, А. В. 리, А. А. 니, А. 정); 유
럽 챔피언(Э. Н. 리), 유럽 챔피언 수상자(А. Э. 김, О. В.
김), 세계 챔피언 수상자(О. В. 김, Л. Ю. 리), 세계 청소년
선수권 챔피언(Л. Ю. 리).

축구 – 우즈베키스탄 챔피언(С.В. 니), 유럽 청소년선수권 챔피언
(М.И. 안).

핸드볼 – 우즈베키스탄 챔피언 수상자(А.Е. 함).

농구 – 우즈베키스탄 청소년선수권 수상자(А.Р. 김).

필드하키 – 우즈베키스탄 챔피언, 소련 챔피언 수상자, 아시아 컵 챔

---

1) 스포츠 종목의 하나 – 역자 주.

피언 수상자(A.A. 김, И. 엄), 소련 챔피언(A.E. 함), 세
계 챔피언 수상자(Л. 리), 올림픽 경기 수상자(A.E. 함).
펜싱 – 카자흐스탄 챔피언 수상자(M.H. 김).
양궁 – 우즈베키스탄 챔피언(Л.П. 홍).
탁구 – 우즈베키스탄 챔피언(B.A. 신).
체스 – 우즈베키스탄 챔피언(O.C. 김, А.Ч. 허가이).

스포츠 분야에서 개인적인 성과와 함께 고려인들은 선수들을 코치
하는데 있어서도 커다란 역할을 수행했다. 우즈베키스탄에서 국가대표
감독을 역임한 사람들만 언급하면 다음과 같다. 유도 - M.Ф.안, 태권도
- Э.H.리, O.Л.백, 복싱 - B.H. 신, 역도 - Д.Ф. 김, 피겨 스케이팅 -
И.A. 황, 필드하기(여자팀) - И.A. 황, 카라칼팍 국가 유도팀 감독 -
B.A. 박, 태권도 소련 국가 대표팀 감독 – 우즈베키스탄의 O.Л. 백.
그 외에도 우즈베키스탄에서 고려인들은 스포츠 학문 분야에서 높
은 지위를 차지하고 있다. 예를 들어, 우즈베키스탄 올림픽위원회 위원
장(B.B. 리가이), 우즈베키스탄 스포츠위원회 부위원장(B.B. 편), 쿠라
시 아시아협회 회장(B.B. 리가이), 우즈베키스탄 유도협회 회장(Ю.C.
김), 우즈베키스탄 체스 협회 회장 및 집행위원회 위원장(Р.Б. 김), 태
권도 아시아협회(ITF) 회장(B.B. 리가이), 우즈베키스탄 태권도협회
(WTF) 회장(O.Л. 백, A.B. 리), 아시아 복싱협회 부회장(B.H. 신), 우
즈베키스탄 유도협회 부회장(M.Ф. 안), 우즈베키스탄 씨름 협회 회장
(Л. 유가이) 등이다.

2. 인물들

◎ 리가이 볼리미르 바실리예비치 (Лигай Вольмир Васильевич)[2]

1955년 타시켄트에서 태어났다. 1978년에 М.И.로모노소프 모스크바국립대학교(МГУ) 경제학부를, 1990년에 레닌 타시켄트국립대학교 법학부를 졸업했다. 경제학 칸디다트이다(1992). 우즈베키스탄 명예 지도자(1991)이며, 태권도 9단이다(2014).

소련과 우즈베키스탄에서 가라데와 태권도 발전을 위한 조직 활동가 중 한 사람으로 활동하고 있다. 1979~1981년 우즈베키스탄 가라데 챔피언이었다.

세계선수권, 유럽 및 아시아선수권 태권도 우승자들을 지도했다. 우즈베키스탄 태권도협회와 태권도 세계 발전센터를 설립했다. 우즈베키스탄 올림픽위원회 위원장으로 활동했다. 아시아 태권도협회 회장을 역임했다. 국제태권도협회 제1부위원장이다.

현재 러시아에서 살고 있다.

◎ 박 펠릭스 표도로비치(Пак Феликс Федорович)[3]

1954년에 태어났다. 안디잔 국립사범연구소 체육학부를 졸업했다. 소련 컵 복싱 우승자(1973)이며, 소련 복싱선수권에서 은메달을 수상

---

2) http://www.koob.ru/ligay/

3) Вся жизнь - поединок // Краткие очерки о выдающихся корейцах Узбекистана. Книга третья. Ташкент: "Чинор ЭНК", 2012. - С. 102-107.

했으며(1984), 소련 복싱 국가대표였다 (1973~1984). 유럽 복싱 청소년선수권 은메달을 수상했다. 국제적 수준의 스포츠 마스터이다.

미국의 밀워키시 명예시민이다(1977).

지도자로 활동했으며, 이후에 기업을 운영하고 있다.

◎ 편 비탈리 아나톨리예비치(Фен Виталий Васильевич)[4]

1947년 마르길란(Маргилан)시에서 태어났다. 타시켄트 체육 스포츠 학교를 졸업했다.

페르가나주 체육 문화 및 스포츠 분과 위원회 의장과 페르가나주 체육위원회 부의장, 우즈베키스탄 체육문화 및 스포츠분과 위원회 부의장으로 활동했다.

1995년부터 1999년까지 한국주재 우즈베키스탄 외교부의 대표였다. 1999년 11월 12일부터 2013년까지 한국주재 우즈베키스탄 특명 전권 대사를 역임했다. 2013년에 외교관으로 17년 이상을 근무한 후에 우즈베키스탄으로 귀국했다. 2017년 5월 27일부터 한국 주재 우즈베키스탄 특명 및 전권 대사로 또다시 복무하고 있다.

---

4) https://ru.wikipedia.org; Ким А. И. Виталий Васильевич Фен - Чрезвычайный и Полномочный Посол Республики Узбекистан в Республике Корея // Краткие очерки о выдающихся корейцах Узбекистана. Книга вторая. Ташкент: Истиклол, 2009. - С. 12-26.

수상 : "마흐나트 수흐라티", "우즈벡스톤 벨기시", "우즈벡스톤 무스타킬리기가 20일".

한국 정부로부터 "광화대장" 수상. 2005년에 "명예 서울 시민"이 되었다.

◎ 신 블라디미르 니콜라예비치 (Шин Владимир Николаевич)[5]

1954년 8월 19일 체첸에서 태어났다. 타시켄트주의 알말릭(Алмалык)시에서 권투를 배우기 시작했다. 이후에 알말릭 광산-금속 기술 대학의 학생이 되었다. 블라디미르 신은 아주 짧은 시간에 우즈벡과 이후 소련 전체의 권투 대표 선수 중의 한명이 되었다.

군대 챔피언과(1975, 1976~1979) 두 번에 걸쳐 소련 챔피언이 되었고, 소련선수권 (1977)과 세계선수권(뮌헨, 1982)에서 동메달을 획득했다. 소련과 주요한 국제대회에서 수상했다. 세계 컵대회 수상자이다(뉴욕, 1979). 블라디미르 신은 모두 298회 출전하여 그중 273승을 거두었다.

공훈 스포츠 선수이다(1990). 교육학 칸디다트이다(2001).

스포츠 선수를 은퇴한 블라디미르 신은 지도자로 활동하기 시작했다. 그는 곧바로 우즈베키스탄에서 뛰어난 지도자 중의 한 명이 되었으

---

5) Ли Н. Владимир Николаевич Шин: судьба, уготованная небом ; Краткие очерки о выдающихся корейцах Узбекистана. Книга вторая. Ташкент: Истиклол, 2009. – С. 17-23.Ли Н. Владимир Николаевич Шин: судьба, уготованная небом ; Краткие очерки о выдающихся корейцах Узбекистана. Книга вторая. Ташкент: Истиклол, 2009. – С. 17-23.

며, 국가대표를 지도하기 시작했다. 그의 지도로 우즈베키스탄 권투 대표단은 세계 권투에서 최고 팀 중의 하나로 발돋움했다. 그의 지도를 받은 많은 선수들이 가장 권위있는 대회에서 우승을 차지했다.

벨라루시 권투 국가대표 감독을 수행했다(2013).

아시아 권투협회 부회장을 역임했다(1995~2001).

우즈베키스탄 고려인문화센터협회 회장을 역임했다(2000~2012).

수상: "두스트릭" 훈장, 세 차례의 우즈베키스탄 대통령 명예 표창 수상, 한국의 "석류장" 훈장 수상, 한국 대통령의 명예 표창, 러시아의 명예 훈장을 받았다.

◎ 유가이 레프 파블로비치(Югай Лев Павлович)[6]

1947년 타시켄트주에서 태어났다. 타시켄트국립대학교를 졸업하고 모스크바국립대학교에서 대학원을 졸업했다.

삼보와 유도의 소련 최고 스포츠 선수로 유도 7단이며 국제대회 심판이다. 12년 동안 우즈베키스탄 유도협회 회장을 역임했다. 아시아유도연맹 스포츠위원회 회원이다.

유도 심판 협회 회장이었다. 우즈베키스탄 씨름협회 회장을 역임했다.

우즈베키스탄 문화 체육부 올림픽 및 스포츠 보호국 대표이다.

물리-수학 박사(1997)이며 교수로 우즈베키스탄국립대학교 학과장과

---

6) Ли Н. Лев Павлович Югай - в гармонии тела и ума // Краткие очерки о выдающихся корейцах Узбекистана. Книга вторая. Ташкент: "Истиклол", 2009. - С. 214-223.

부학장을 역임했다(1976~1991). 스찬대학교 교수를 역임했다(1991~
1992). 우즈베키스탄 동방학연구소 학과장을 역임했다(1992~1995).

100편이 넘는 논문의 저자이다. 중국, 한국, 독일, 오스트리아, 일
본, 인도, 체코, 러시아, 우크라이나 등지에서 강의와 발표를 했다.

제8장

고려인 운동의 활동가와 지도자들

1. 역사적 배경[1)]

　우즈베키스탄에서 고려인 단체의 조직화 운동은 1988년부터 나타나기 시작했다.

　1988년 12월 12일 타시켄트시에서 C.M. 한 교수 주도하에 "고려인 문화센터 설립을 위한 전국 조직위원회"라는 설립위원회가 개최되었다. 바로 이 날부터 소련에서 대중적인 고려인 운동이 시작된다. 며칠

---

1) Хан В. С., Ким Г. Н. Корейское движение в 1990-х годах // Коре сарам. К 150-летию переселения корейцев в Россию. – М.: АйванЛайн, 2014. – С. 301-307; Хан В. С. Коре сарам: кто мы? Очерки истории корейцев. - Бишкек, 2009. - С. 149-192; Хан С. М. Корейские культурные центры - как они зарождались? // Десять лет спустя (К 10-й годовщине Ассоциации корейских культурных центров Узбекистана). - Ташкент-СеуЛил, 2001. - С. 5-12; Ким П. Г., Ким В. Д. Ассоциации корейских культурных центров Узбекистана - 10 лет // Десять лет спустя (К 10-й годовщине Ассоциации корейских культурных центров Узбекистана). - Ташкент-Сеул, 2001. - С. 16-25; Ким В. Ушедшие вдаль. - СПб, 1998. - 224 с.; Ким Б. Корейцы Узбекистана. Кто есть кто. - Т., 1995. - С. 6, 13, 16-21, 23, 32, 36, 64, 66, 80, 93, 95-97, 103, 117, 125, 134; Газета «Корё синмун» различных годов.

뒤에 시인인 Б. 박을 지도자로 한 "소비에트 고려인 문화-교육센터" 설립위원회가 조직되었다. 이 단체는 이후에 "우즈베키스탄 고려인 국제 문화-교육 협회"로 개칭되었다. 1989년 동안 고려인 문화센터 설립을 위한 전국위원회는 우즈베키스탄 14개 도시와 지역에 센터들을 설립했다. 저널리스트인 Б. 김은 다음과 같이 평가하고 있다. "조직위원회의 명백한 장점은 지역에 문화센터를 설립했다는 것이다. 지작, 페르가나, 사마르칸트, 누쿠스, 치르칙, 아쿠르간, 부하라 등지에서 문화센터가 곧바로 결성되었다. 이는 규모가 크든 작든 고려인 사회가 존재하는 대부분의 도시와 지역에 실질적인 문화센터가 설립되었음을 의미한다. 더욱이 이전에 타시켄트의 지역문화센터들이 공식적인 지위를 획득했다. 그중에서 최초의 문화센터는 주 인민통제위원회 부위원장인 P.П.랑의 지도하에 있는 페르가나주의 고려인 문화센터였다."[2]

몇몇 고려인 단체들은 독자적으로 조직되었고, 몇몇 단체들은 전체 기구의 지부 형태로 조직되었다. 그들 중 몇몇 단체는 법적인 지위를 획득해서 등록되어 있으며, 일부는 그렇지 않았다. 몇몇 단체들은 여전히 존재하고 있으며, 일부는 사라졌다.

그 단체들의 조직과 지도자는 다음과 같다:

고려인 문화센터 설립을 위한 전국 조직위원회(Республиканского оргкомитета по созданию корейских культурных центров)(지도자 - С.М. 한, 사라짐);

우즈베키스탄 고려인 국제 문화-교육 협회(Интернациональное культурно-просветительское общество корейцев Узбекист

---

2) Ким Б. Ветры наших судеб. Ташкент, 1991. С. 140.

ана)(지도자 - Б.С. 박, 사라짐);

타시켄트시 고려인문화협회(Ташкентское корейское городское культурное общество)(지도자 - С.А. 한, В. П. 최, А. В. 리, В. И. 김, Л. Н. 한; 명칭 변경)[3];

타시켄트시 고려인 문화센터(Ташкентский городской корей ский культурный центр)(지도자 - Н.С. 박, Л.П. 니);

타시켄트시 고려인 단체 "부흥"(Ташкентское городское коре йское общество «Возрождение» (지도자 – 최 А. Н., 서가이 В. Н., 태 А. В., 리 Г. А., Т. Д. 안)[4];

타시켄트시 상호 부조회(Ташкентское городское общество милосердия)(지도자 – 박상학, 사라짐)[5];

타시켄트주 고려인 문화센터(Ташкентский областной корей ский культурный центр)(지도자 – К. 주, В. Г. 김, Д. 배가이, А. С. 김, В. 김);

우즈베키스탄 고려인 문화센터 협회(Ассоциация корейских к ультурных центров Узбекистана)(지도자 – С. А. 한, П. Г. 김, В. Н. 신, В. Н. 박);

아쿠르간 고려인 문화센터(Аккурганский корейский культу рный центр)(지도자 – В. Д. 김);

알말릭시 고려인 문화센터(Алмалыкский городской корейск ий культурный центр)(지도자 – М. Д. 리, А. 김);

안그렌시 고려인 문화센터(Ангренский городской корейский

---

3) См. соответствующую статью.
4) См. соответствующую статью.
5) См. соответствующую статью.

культурный центр)(지도자 – Р. С. 마린축(Маринчук), Р. К. 리);

안디잔주 고려인 문화센터(Андижанский областной корейс кий культурный центр)(지도자 – А. И. 리, А. Д. 리, Ю. В. 리, В. В. 김);

시르다리야주 고려인협회(Ассоциация корейцев Сырдарьин ской области)(지도자 – А. Е. 정, А. С. 리; 명칭 변경); 시르다리야 주 고려인 문화 센터(Сырдарьинский областной корейский ку льтурный центр)(지도자 - Р. Л. 남);

고려인 베테랑 상호부조회(Ассоциация милосердия ветеран ов Кореи)(카자흐스탄 알마티 시에 본부가 있음; 변경됨);

우즈베키스탄 한국어 교육자 협회(Ассоциация преподавател ей корейского языка Республики Узбекистан)(지도자 – В. Н. 김, В. Н. 김; 사라짐);

카라칼팍스탄 자치공화국 고려인협회(Ассоциация корейцев Р еспублики Каракалпакстан)(지도자 – А. С. 주가이, И. 한, М. А. 고가이);

고국통일협회(Ассоциация содействия объединения Коре и)(지도자 – Н. С. 김, П. Х. 강; 명칭 변경); 범민련(Бомминрён) ("단결" 국제 조직 지부 филиал международной организации «Единство»);

베카바드 고려인 문화센터(Бекабадский корейский культур ный центр)(지도자 – В. Х. 반);

부하라주 고려인 문화센터(Бухарский областной корейский культурный центр)(지도자 – В. К. 천, Р. Ч. 리);

굴리스탄시 고려인 문화센터(Гулистанский городской корей

ский культурный центр)(지도자 – А. С. 리);

지작주 고려인 문화센터(Джизакский областной корейский культурный центр)(지도자 – О. 김);

카시카다린주 고려인 문화센터(Кашкадарьинский областной корейский культурный центр)(지도자 – 김만길, А. Ф. 김, П. Б. 박; 사라짐);

고려인 문화센터 "광복"(Корейский культурный центр «Кванбок»)(지도자 – А. А. 한; 사라짐);

우르타치르칙 지역 전국 문화센터 고려인 지부(Корейская секция Уртачирчикского районного межнационального культурного центра)(명칭 변경); 우르타치르칙 고려인 문화센터(Уртачирчикский корейский культурный центр)(지도자 – О. 최);

나망간주 고려인 문화센터(Наманганский областной корейский культурный центр)(지도자 – А. В. 차, Л. П. 니);

학술 기술자협회 "진보"(Научно-техническое общество «Тинбо»)(지도자 – В. Т. 엄, Л. М. 윤);

나보이시 민족문화협회 "조선"(Национально-культурное общество г. Навои «Чосон»)(지도자 – А. С. 김; 명칭 변경); 바보이주 고려인 문화센터(Навоийский областной корейский культурный центр)(지도자 – А. А. 김);

고려인 청년협회 "고총련"(Организация корейской молодежи «Кочёнрён»)(지도자 – Р. 구가이; 사라짐);

쿠이치르칙 지역 고려인협회 "통지"(Организация корейцев Куйичирчикского района «Тонгди»)(지도자 – 리철수; 변경됨);

쿠이치르칙 지역 고려인 문화센터(Куйичирчикский районный к

орейский культурный центр)(지도자 – С. Л. 유가이);

사마르칸트주 고려인 문화센터(Самаркандский областной ко рейский культурный центр)(지도자 – В. А. 안, Н. А. 민, А. Н. 리, Н. П. 김);

수르한다린주 고려인 문화센터(Сурхандарьинский областно й корейский культурный центр)(지도자 – 반호남, А. С. 강; 사라짐);

페르가나주 고려인 문화센터(Ферганский областной корейск ий культурный центр)(지도자 – Р. П. 양, В. Р. 양);

페르가나 고려인협회 "오랫동안"(Ферганское корейское обще ство «Долголетие»)(지도자 – Р. 김);

호레즘주 고려인 문화센터(Хорезмский областной корейски й культурный центр)(지도자 – Э. В. 박, А. Е. 김);

치프칙 고려인 문화센터(Чирчикский корейский культурны й центр)(지도자 – И. С. 최, С. А. 차);

우즈베키스탄 얀기르 지역 고려인 문화협회(Янгиерская межра йонная культурная ассоциация корейцев Узбекистан)(지도 자 – В. Т. 주가이; 사라짐);

그 외에도 우즈베키스탄에는 많은 수의 고려인 직업 예술 협회, 춤과 합창 단체, 학문 기술 협회, 비즈니스 클럽, 고려인 예술가 협회, 문학 클럽 등이 존재한다.

초기에 고려인 문화센터와 고려인협회 지도부를 차지하기 위한 투쟁이 지식인들, 특히 학문단체의 대표자들에 의해 나타났다.[6]

---

6) Аналогичная ситуация сложилась и в других республиках бывшего

한 C.M.	철학박사	고려인 문화센터 설립을 위한 전국 조직위원회 위원장
한 C.A.	역사학 칸디다트	타시켄트 고려인 문화협회 위원장
김 П.Г.	역사학 박사	우즈베키스탄 고려인 문화센터 협회 위원장
서가이 M.Ю.	철학 칸디다트	타시켄트 고려인 문화협회 부위원장
정 K.П.	교육학 칸디다트	타시켄트 고려인 문화협회 부위원장

이러한 집단의 특이성은 당의 명명법과 밀접하게 연관된 이데올로기 분야의 대표자들(철학, 과학적 공산주의, 소련공산당사 등등)로 구성되었다는 것이다. 그래서 거의 모든 곳에서 교수-사회학자들이 고려인 단체들을 지도하고 있는지의 이유는 다음과 같다.

첫째, 고려인 센터의 설립을 위해 조직문제를 조속히 해결할 수 있는 가능성은 당 및 국가 조직과 연계되어 있다는 것이다. 둘째, 이러한 연관성은 고려인 문화센터의 관심사 등을 로비할 수 있게 했다. 셋째, 직업적 전문성과 당 조직에서의 활동경험으로 이 집단들은 법적인 문서의 작성, 문화센터의 개념 설정 및 조직 활동의 조직화에서 보다 더 철저했다. 넷째, 당과 국가 시스템의 유기적인 요소였기 때문에 교수와 사회과학자들은 민족 센터와 같은 그러한 미묘한 조직의 지도부의 특성상 권력 기구를 가장 잘 조직할 것처럼 보였다.

고려인 단체의 초기 발전 단계에 구체적인 활동 내용은 다음과 같다.

첫째, 보다 좋은 대안이 없기 때문에 당과 소비에트 조직의 원칙과 작업 방식을 원용했다. 이것은 비민주적인 작업 방식으로, 또한 수적으로 그리고 중간 정도의 결과를 지향하는 것으로, 또 형식주의와 보여주

CCCP.

기 식으로 표출되었다.

둘째, 고려인 조직화의 기본적인 활동은 기성세대의 디아스포라 관점, 베테랑들을 존중하는 방식에 기초하고 있다. 왜냐하면 나이가 든 사람들이 그 뿌리를 가지고 있기 때문이다. 적극적으로 고려인들의 조직화 운동을 하는 사람들은 주로 구세대의 대표들이었지 젊은 세대들을 찾아보기는 힘들었다.

셋째, 고려인 디아스포라에게 시급한 문제와는 별도로 민족주의적 행사에 주력했다(음력설, 오월 단오 등등).

넷째, 허약한 물적 토대와 기술 기반으로 인해 대규모 계획들을 실행할 수 없었다.

그리고 당연히 가장 큰 문제는 고려인 조직화에 대한 반대가 존재했다. 이로 인해 일련의 부정적인 결과가 초래되었다.

결국, 동일한 목표를 지향하고 있던 운동이 적대적인 진영으로 분열되었다. 디아스포라는 그 존재와 발전의 목적을 상실했다. 고려인 운동의 파편화는 비효율성으로 이어지기 시작했다.

끊임없는 분쟁이 빚어지면서 권력 당국의 눈에 고려인들의 이미지가 실추되었다. 강력하고 단일한 지도부의 부재로 인한 운동의 분화는 고려인 문제에 대해 당국이 개입할 수 있는 여지를 제공했다. 그래서 독자적인 관리가 상실된 상태로 고려인 조직화가 진행되었다.

어떤 단계에 이르러 대부분의 사람들은 내부 갈등으로 인해 외면하기 시작했다. 그 결과 종종 고려인들은 고려인 운동에서 벗어나는 것이 더 좋다고 여기기 시작했고, 고려인 조직화 문제에 참여하지 않게 되었다. 고려인 운동의 가치를 평가 절하하는 위협이 나타났다.

고려인 조직화의 대립과 그 활동의 성격은 조만간 그들의 위기와 변화의 필요성에 대한 인식으로 이어져야만 했다. 그래서 Б. 김은 우즈베키스탄 고려인 문화센터 협회 회장의 선출을 최초의 '뒷거래' 행위로 평가하고 있다: "하층에서 C.A. 한의 활동에 대해 불만족을 드러냈다. 그것은 한이 단지 해외 손님들을 응접하고 배웅하고, 명절 행사만 진행했지 기본적인 임무인 언어와 문화의 부흥, 지역 센터들에 대한 실질적인 지원 등은 부차적인 계획으로 취급되었다."[7] 일반 사람들의 압력으로 C.A. 한은 강제로 물러났다. Б. 김은 다른 책에서 전국협회의 상황에 대해 다음과 같이 서술했다. "1991년 6월에 이미 협회의 확대회의에서 김 표트르 게로노비치 교수가 협회회장으로 선출되었다. 새로운 회장이 선출되었음에도 협회에서 협회의 활동 업무에 부정적인 영향을 미치는 내분과 반목이 멈추지 않았다. 예를 들어 1992년 내내 협회의 회의를 단 한 번도 개최하는데 성공하지 못했다. 단지 1993년 1월 협회가 실제로 붕괴될 위험에 처하자 협회 회의가 개최되었고, 협회의 지도부는 마침내 지역 센터들과 접촉하기 시작했다. 협회 규정에 따르면 5년마다 한 번 개최되는 회의가 협회의 최고 결정기구였다. 그러나 8년 동안 어떤 보고나 선거를 위한 회의는 개최되지 않았다."[8]

여기저기에서 고려인 문화센터로부터 떨어져 나가기 시작했고, 과학기술협회, 지식인회, 비즈니스 대표들과 젊은이들이 완전히 분리되었다. 문화센터의 활동은 단지 행사 진행 기관으로 축소되었다. 첫해의 열정과 적극성은 사라지기 시작했고, 일반 사람들과 지도부는 지쳐갔다. 그들 중 많은 사람들이 제2기 고려인 조직을 이끌었다.

결국, 변화의 필요성에 대한 이해는 점차 증가했고 일들이 그 속에서 계속 실행되어 갔다.

이러한 변화는 고려인협회 지도부의 혁신으로 시작되었다. 지도부

7) Ким Брутт. Ветры наших судеб. Ташкент, 1991, с. 141.
8) Ким Брутт. Корейцы Узбекистана: кто есть кто. Сеул, 1999, с. 17-18.

에 다른 세대와 다른 영역의 활동가, 특히 비즈니스 대표들이 참여했다. 1995년 12월에 카자흐스탄 고려인 협회 회장으로 소련 명예 복싱 감독이자 사업가인 Ю.А. 차가 선출되었다. 1998년 1월에 키르기스스탄 고려인협회 회장으로 비즈니스 센터 "엘도라도" 회장인 P.A. 신이 선출되었다. 러시아에서 고려인협회 회장으로 사업가인 조 B.И.가 선출되었다. 우즈베키스탄에서는 2000년에 우즈베키스탄 고려인문화센터협회 회장으로 운동선수이자 사업가인 B.H. 신이 선출되었고, 이후에 사업가인 B.H. 박으로 교체되었다.

2. 인물들

◎ 강 마리나 미하일로브나(Кан Марина Михайловна)[9]

1965년 타시켄트시에서 태어났고 타시켄트국립법률연구소를 졸업했다(1995).

타시켄트주 검찰에서 비서로 시작해 수석 검사로 일했으며(1988~2004), 타시켄트시 칠란자르(Чиланзар) 지역 법원의 형사사건 전담 판사로 일했다(2004~2013).

우즈베키스탄 고려인문화센터협회 부회장이다(2013년부터).

9) На весах жизни // Краткие очерки о выдающихся корейцах Узбекистана. Книга пятая. Ташкент: Тасвир, 2017. – С.83-89.

◎ 김 니콜라이 세르게예비치(Ким Николай Сергеевич)[10]

우즈베키스탄 고려인 문화센터협회 회장
(2011~2012)

1933년 12월 29일 연해주에서 태어났
다. 1956년 농업경제연구소(바르나울시)를
졸업했다. 1956~1974년 가축 전문가, 집단
농장 부회장, 보스탄딕(Бостандык) 지역
(타시켄트주) 농업관리 기구 부대표를 역임
했다. 1974~1993년 우즈베키스탄 농업부
국장과 "우즈기드로마시(Узгидромаш)" 자회사인 "우즈주베트스나브
Уззооветскаба)의 대표를 역임했다.

2000~2003년 우즈베티스탄 고려인문화센터협회의 부회장과 노인
단 대표를 역임했다. 2003~2008년에 타시켄트시 고려인 문화센터의
부회장(ТГККЦ)을 2008~2011년에 타시켄트시 고려인 문화센터 회
장을 역임했다. 2011년에 우즈베키스탄 고려인 문화센터협회 회장이
되었다.

10) Ким А. Председателем Ассоциации корейских культурных центров
Узбекистана избран Николай Ким // Корё ильбо. 9 сентября 2011
г.; Ни Л. П. Николай Сергеевич Ким. Председатель Ташкентского
корейского городского культурного центра // Краткие очерки
о выдающихся корейцах Узбекистана. Книга вторая. Ташкент:
Истиклол, 2009. – С. 99-108.

◎ 고가이 세르게이 스테파노비치
(Когай Сергей Степанович)[11]

우즈베키스탄 고려인문화센터협회 노인단 회장.

1934년 10월 25일 연해주 올긴(Ольгин) 지역 리도브카(Льдовка) 마을의 농민 가정에서 태어났다. 타시켄트 농업연구소를 1962년에 졸업하고 디미트로프 집단농장에서 농업경제학자로 일하기 시작했다. 집단농장의 최고 농업 경영학자였다. 우크라이나의 글루호보(Глухово)시에 있는 전러시아 과학기술연구소 인피재배 박사 과정을 마쳤다. 그 후 타시켄트 농업경제연구소 대학원으로 옮겨 거기에서 3년 후에 학위를 수여받았다.

1977년에 세르게이 스테파노비치는 중-치르칙 지역 농업경제연구소(ТИИМСХ) 학장이 되었고, 거기에서 3년 동안 일했다.

1982년에 세르게이 스테파노비치는 지역 농업 기관의 대표가 되었고, 동시에 지역집행위원회 제1부위원장에 선출되었다. 1년 후에 목화수확 캠페인이 진행되던 시기에 "북쪽 등대" 집단농장의 회장 제안을 받았다.

세르게이 스테파노비치는 많은 훈장을 받았다: "노동에 헌신한 것을 기려(За трудовую доблесть)", "헌신적인 노동(За доблестный труд)" 메달과 붉은 노동 훈장과 무스타킬릭(Мустакиллик) 훈장

---

11) Последний смотритель «Северного маяка» // Краткие очерки о выдающихся корейцах Узбекистана. Книга четвертая. Ташкент: Чинор ЭНК, 2015. – С. 72-80.

을 받았다.

2001년에 은퇴했다. 그러나 그는 7년 더 집단농장과 농업회사 회장의 자문일을 했다.

2011년에 우즈베키스탄 고려인 문화센터협회 노인단 회원이 되었고, 1년 후 회장에 선출되었다.

◎ 박 빅토르 니콜라예비치(Пак Виктор Николаевич)[12]

우즈베키스탄 고려인 문화센터협회 회장 (2012년부터)

1958년 12월 26일 타시켄트주 베카바드 (Бекабад) 지역 스레텐카(Сретенка) 마을에서 태어났다. 잠불 수질토지개량건설 연구소(Джамбульский гидромелиора тивно-строительный институт)에서 기계공학을 전공했다. 태평양함대에서 군복무를 했다. 군대를 제대한 후 일하기 시작했다. 나망간 기계건설 공장에서 수리공과 기계조립공장의 책임자로 일했다. 1988~1997년에 전기기술 산업 및 기기제작부 산하 우즈베키스탄 전기공학협회 "엘렉트로테름(Электротерм)"에서 수석 기술자와 엔지니어 부책임자를 역임했다. 1997년에 여러 전문 분야의 건설회사인 "카다이스(KARDISE)"를 설립했다.

2012년 5월 19일 우즈베키스탄 고려인 문화센터 협회 회장으로 선

---

12) Пак Виктор Николаевич. - http://parliament.gov.uz/ru/structure/deputy/14906/; Ирина Сен. Новый лидер – новые идеи // Корё ильбо. 23 ноября 2012 г.

출되었다. 2017년에 새로운 임기가 시작되었다.

2014년 12월에 우즈베키스탄 자유민주당 소속으로 우즈베키스탄 하원의원에 당선되었다. 국제관계 및 국제의회관계 분과 위원이다.

수상: 한국으로부터 "동백" 훈장을 받았고(2014), "두스트릭" 훈장을 받았다(2014).

◎ 전 로디온 블라디미로비치 (Цзен Родион Владимирович)[13]

1951년 타시켄트주 벡테미르(Бектемир) 마을에서 태어났다. 기업가이다.

타시켄트시 고려인 단체 "부흥 Возрож дение"(1991년 설립됨)의 창립자이자 지도자 중의 한 명이다. 한국 대통령으로부터 명예 표창을 받았다.

◎ 신 블라디미르 니콜라예비치 (Шин Владимир Николаевич)[14]

우즈베키스탄 고려인 문화센터협회 회장(2000~2012)

1954년 8월 19일 체첸에서 태어났다. 소련의 권투협회 지도자 중의 한명이다. 중요한 국제 대회와 소련 선수권 대회 우승자이자 수상자이

13) Ким Б. Корейцы Узбекистана. Кто есть кто. - Т., 1999. - С. 118.

14) Ли Н. Владимир Николаевич Шин: судьба, уготованная небом: // Краткие очерки о выдающихся корейцах Узбекистана. Книга вторая. Ташкент: Истиклол, 2009. – С. 17-23.

다. 이후에 우즈베키스탄의 중요한 감독 중
의 한명이었고, 국가대표 감독을 역임했다.
아시아 권투협회 부회장을 역임했다
(1995~2001).

교육학 칸드다트이다(2001).

우즈베키스탄 고려인 문화센터 협회 회
장이었다(2000~2012). В.И. 신의 주도하에
고려인 운동은 새로운 수준으로 발전했다.
고려인 문화센터협회는 독자적인 건물을 가지게 되었고, 행사들은 대
규모로 개최되기 시작했다. 고려인 운동에 많은 기업가 대표들과 지식
인들, 그리고 청년들이 참여하기 시작했다.

수상: "두스트릭" 훈장, 우즈베키스탄 대통령으로부터 3차례 명예
표창, 한국으로부터 "석류장" 훈장을 받았다. 한국 대통령으로부터 명
예 표창을 받았고, 러시아연방으로부터 명예 훈장을 받았다.

결론

    페레스트로이카와 그 이후 몇 년간의 독립 시기에 고려인들은 새로운 형태의 적응이 필요했다. 그것은 정신 상태, 직업, 가지 지향성, 모든 일상생활 방식 등에서의 변화를 수반했다.

    모든 어려움에도 불구하고 고려인들은 변화하는 정치 경제적 여건과 민족 문화적 배경에 직면하여 뛰어난 민족 공동체의 명성을 유지해 나갈 수 있었다. 다른 많은 소수 민족들과 마찬가지로 일부 고려인들은 우즈베키스탄을 떠나 주로 러시아로 이주하기로 결정했다.

    그러나 이전과 마찬가지로 우즈베키스탄에는 많은 수의 고려인들이 남아 있다. 소련 시대와 마찬가지로 고려인들 중에는 여전히 장관들, 하원과 상원 의원들, 우즈베키스탄의 영웅, 공훈 문화 활동가들, 대규모의 연구센터 지도자들, 유명한 기업가들이 있다.

    우즈베키스탄의 고려인 디아스포라는 아직도 자신들의 빈곤함을 벗어나고자 노력하고 있다. 그러나 세기 전환기에 보여준 경험으로, 새롭고 복잡한 여건에서도 고려인들은 여전히 소수민족의 모델이며, 중요한 업적을 입증하고 있다.

서론

    우즈베키스탄의 고려인에 관한 제1부 "소비에트 우즈베키스탄의 고려인들: 시대와 사람"은 소비에트 시대에 그 명성이 높았던 현재 이미 고인이 된 고려인들에게 헌정되었다.

    제2부 "우즈베키스탄의 고려인들 : 20세기 - 21세기 초"는 소련에서 (기본적으로 1940년대～1970년대에) 태어나 교육을 받고 소비에트 시대에 전문가로서 명성을 얻고 현재까지 생존하면서 활동하고 있는 고려인들을 대상으로 하였는데, 그들의 가장 큰 업적은 소비에트 시대 말과 포스트소비에트 시기에 일구어졌다.

    이제 제3부 "포스트소비에트 우즈베키스탄의 고려인들 : 신세대"는 소비에트 시기 말과 포스트소비에트 시대에 교육을 받은 신세대 "고려사람"들에 바쳐져 있는데, 그들의 업적은 물론 우리의 현 시대에 성취되고 있다.

    소련의 붕괴 후에 우즈베키스탄의 고려인 디아스포라에도 변화가 생겼다. 소비에트 시대에 고려인들이 국가 운영, 농업, 공업, 학문, 교육, 스포츠, 문화 등 삶의 전 분야에서 인상적인 업적을 성취하였다면,

민족주의적 이념을 치켜든 독립 우즈베키스탄에서는 비(非)우즈베크인들(러시아어 사용 소수자들, 여기에 고려인도 포함됨)에게 사회적 성공의 여지가 좁아질 수밖에 없었다.

이것이 고려인들에게 무엇을 의미하였는가? 첫째, 신생 민족국가에서 고위직에 오른 고려인의 수가 줄어들었다. 둘째, 정치적, 경제적 이유들로 인해 (포스트소비에트 시기 전체에 걸쳐 우즈베키스탄의 임금 수준이 높지 않았다.) 우즈베키스탄을 떠나 외국으로 이주하려는 고려인의 수가 급증하였다. 1990년대에 그 대상은 주로 러시아였다. 그러나 최근 10~15년 동안에는 한국으로 노동이민을 가려는 고려인의 수가 급증하였다. 여기서는 그들이 수만 명에 이른다고 집계하고 있다.[1] 셋째, 낮은 경제 수준과 함께 학문 및 문화의 위신 추락은 사회적 의식의 전면적 상업화로 이어졌다. 고려인들은 상업, 즉 보다 많이 벌 수 있는 분야로 몰려들었다.

그렇게 해서, 포스트소비에트 시대의 도래 이후에 나타난 변화에서 분명해진 것은 우즈베키스탄에서 고려인들의 직업적 다양성이 줄어드는 것처럼 그들의 수도 줄어들고 있다는 사실이다. 전체적으로 이것은 고려인 디아스포라의 잠재력이 떨어지고 있는 것으로 이해될 수 있다.

하지만 포스트소비에트 시대에 전개된 우즈베키스탄의 발전이 보여준 바는 지배적 민족, 즉 우즈베크 민족의 구성원들에게만 의지해서 국가 발전을 모색해서는 안 된다는 것이었다. 독일의 학자 G. 시몬은 이렇게 썼다.

"21세기에 성공적 사회 건설을 위해서는 하나의 민족적 정체성으론

---

1) 한국출입국관리사무소의 통계에 의하면, 2018년 9월 현재 그들은 79,000명에 달한다.

부족하다. 현대 사회는 모든 사회구성원들, 아니면 적어도 가능한대로 많은 사회구성원들을 사회 건설에 끌어들일 때 비로소 성공적일 수 있다."[2]

우즈베키스탄의 권력기관 구성원들도 위 사실을 인식하기 시작하였다. 우즈베키스탄 상원의원 사디크 사파예프는 자신의 논문에 다음과 같이 썼다.

"주권 획득과 민족국가 건설의 이데올로기로서 민족주의는 승리하였다. 이로 인하여, 민족주의는 사회의 창조적 세력들을 규합하는 능력을 가진, 그런 동원의 이념이 될 수 없다."[3]
우즈베키스탄 대통령 샤브카트 미르지요예프의 새 정책은 민족주의뿐만이 아니라, 출신 민족에 무관하게 사람들의 질적인 평가, 그들의 창조성, 전문성에 의거하기 시작하였다. 이 정책이 견고해진다면 젊은 고려인들에게는 우즈베키스탄 사회에서 자신을 발현시키고 고려인의 이미지를 고양시킬 가능성이 다시금 등장할 것이다. 그들의 아버지와 할아버지가 그랬던 것처럼 말이다.

---

2) 시몬 G. 소련 및 독립국가연합 지역에서의 민족 건설 // 역사와 자의식: 우즈베키스탄과 독일의 경험. 타시켄트, 2006년, 305쪽.
3) 사파예프 C. 글로벌 과정과 민족 정체성 // 역사와 자의식: 우즈베키스탄과 독일의 경험. 타시켄트, 2005, 269쪽.

제1장

입법·행정기관의 고려인들

1. 역사적 배경

소비에트 시대에 고려인들이 우즈베키스탄의 행정부와 입법부에서 높은 직위를 차지하고 있었다는 것은 널리 알려진 사실이다. 그들은 행정부처의 장관과 차관, 소비에트 의회(소련 최고회의와 우즈베크공화국 최고회의) 의원, 지방 권력기관의 일원으로 활동하였다. 많은 고려인들이 최고의 상(賞)인 사회주의노동영웅 칭호를 포함하여 국가가 주는 많은 칭호와 훈장을 보유하고 있었다.

소련의 붕괴 후에 이른바 토착화 과정이 시작되었고, 지배적 민족이라 할 수 있는 우즈베크인들이 주요 행정·관리직 거의 대부분을 차지하기 시작하였다.

하지만 2000년대 이후에 점차 고려인들이 다시금 고위직에 오르기 시작하였다. 예를 들면, 유아교육부 장관이자 상원의원인 아그리피나 바실리예브나 신, 상원의원이자 우즈베키스탄 영웅인 베라 보리소브나 박, 상원의원 발레리 니콜라예비치 장, '올리 마쥐리스'(하원) 대의원 빅토르 니콜라예비치 박, 재무부 차관 뱌체슬라프 유리예비치 박 같은 사람들이 있다.

2017년 정권 교체 후에 젊은 고려인들도 (아직 지구와 시 수준에서의) 국가권력 기관으로 들어가기 시작하였다. 그리고 예전에는 농업 분야에서 일했던 고려인들이 국가권력의 대의기관으로 들어갔다면, 현 세대의 젊은 정치인들은 기업인들이다.

정부 입법기관으로의 진입은 정당을 통해 이루어지고 있다. 소비에트 시대에 소련에서 유일 정당, 즉 공산당만이 존재하였다면, 현재 우즈베키스탄의 정치시스템은 다당제를 기본으로 하고 있으며, 젊은 고려인들은 다양한 여러 정당의 당원이 되고 있다.

2. 인물들

◎ 강 뱌체슬라프 유리예비치(Кан Вячеслав Юрьевич)[1]

1976년 9월 2일 출생하였다. 1998년 타시켄트국립대학교 러시아어문학부를 (우수한 성적으로) 졸업하였다. 1998~2005년 학교에서 영어 교사로 재직하였다. 2004년 강 뱌체슬라프 유리예비치는 웹사이트 게시판 www.torg.uz를 개설한다. 지금 Torg.uz는 전자상거래 분야에서 세계적 선도업체

---

1) 이력서

라고 할 수 있는 국제적 기업 나스퍼스의 관리 하에 olx.ux라는 이름으로 영업을 하고 있다.

2017년 [젊은이들의] 직업 선택과 발전을 돕는 센터 "My Way Proforientation Ltd"를 개설하였는데, 이것은 모스크바국립대학교(러시아)의 테스트·개발센터 "인도주의 기술(Human Technologies)"의 지역 대표부이기도 하다.

2015년에 고려인 기업가들의 클럽 "고려인"을 설립하였다.

우즈베키스탄 자유민주당 당원. 인민대의원회의 타시켄트시 베크테미르지구 대의원(2018년부터)

기혼, 자녀 3명.

◎ 김 비탈리 겐나디예비치(Ким Виталий Геннадьевич)[2]

1981년 사마르칸트시에서 출생하였다. 타시켄트국립기술대학교에서 "공업과 혁신 경영" 전공으로 학사(2002년)와 석사(2004년)를 졸업하였다.

"Geo Dynamical System Ltd" 사장.

우즈베키스탄 인민민주당 당원. 인민민주당 키브라이지구의 초급 당조직 위원장.

우즈베키스탄공화국 인민대의원회의 타시켄트주 키브라이지구 대의원(2018년부터).

"우즈베키스탄공화국 헌법 25주년" 메달을 수상하였다.

기혼, 자녀 4명.

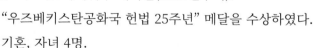

2) 직장에서 받은 조회서

◎ 리 바딤 겐나디예비치(Ли Вадим Геннадьевич)[3]

1969년 11월 28일 카라간다(카자흐스탄)에서 출생하였다. 상트-페테르부르크 전기기술대학을 "시스템공학자-기사" 전공으로 졸업하였다.

업체 "QUVVAT" Ltd.의 사장. 우즈베키스탄의 고려인 기업가 클럽 "고려인"의 회원(2016년부터).

우즈베키스탄 자유민주당 당원(2017년부터), 우즈베키스탄 자유민주당 앙그렌시 당 위원장(2017년부터). 인민대의원회의 앙그렌시 대의원.

기혼, 자녀 2명.

◎ 리 드미트리 로마노비치(Ли Дмитрий Романович)[4]

고등교육을 받았다. 인민교육시스템의 보장 분야에서 사회활동을 시작하였으며, 그 후 기계제작과 야금 분야에서 다양한 지도자적 직위에서 일하였다.

2017년 8월부터 우즈베키스탄공화국 대통령 직속 프로젝트관리국 제1부국장 직위에 있었다.

현재 우즈베키스탄공화국 대통령 명령

---

3) 직장에서 받은 조회서
4) https://napm.uz/ru/

에 의해 우즈베키스탄공화국 대통령 직속 프로젝트관리국장에 임명되었다.

◎ 박 뱌체슬라프 유리예비치(Пак Вячеслав Юрьевич)[5]

1980년 타시켄트주에서 출생하였다.

2005년 타시켄트금융대학을 졸업하였다.

업무 활동:

2003~2006년 – 우즈베키스탄 국세위원회 선임감독관.

2006~2017년 – 선임감독관, 과장, 우즈베키스탄 대검찰청 산하 조세외환범죄 및 범죄수익실현 단속부 제1부부장.

2018년 2월 23일부터 우즈베키스탄공화국 재무부 차관.

국가 상훈: 2016년, "Sodik Hizmatlari Uchun" 메달 수상.

---

5) https://www.mf.uz/component/k2/item/2399-park-vyacheslav-yurievich-ramestitel-ministra-finansov

제2장

경제·비즈니스 분야의 고려인들

1. 역사적 배경

포스트소비에트 독립의 시대는 고려인들의 삶에, 그들의 노동고용 형태에, 그리고 새 국가들에서의 향후 존재 전망에 본질적인 영향을 미쳤다. 경제 자유화와 공용어(지배적 민족의 언어)의 도입은 고려인들을 국가 경제의 영역에서 개인 비즈니스의 영역(상업, 식당업, 건설과 수리업, 컴퓨터 비즈니스, 의료 클리닉, 은행 사무 등)으로 밀어냈다.

젊은 고려인들이 종사하는 비즈니스의 구조도 바뀌었다. 1990년대에는 우즈베키스탄 고려인들의 상당수가 개인 사업자 면허를 갖고서 작은 비즈니스에 종사하였다. 그것은 일종의 보따리 장사(중국, 인도, 한국에서 상품을 구입하여 그것을 우즈베키스탄에 파는 것)와 작은 한식당이었다.

하지만 좋은 교육을 받은 고려인들이 점차 자신만의 독창성과 우수 인력을 보유한 전문화된 기업을 창업하면서 고난도의 틈새시장을 장악

하기 시작하였다. 그것은 미용시술 클리닉과 동양의술 클리닉, 컴퓨터 프로그램과 SIM-카드를 만드는 IT 회사, 최고급 레스토랑, 많은 체인점을 보유한 프랜차이즈 상점, 출판·인쇄 복합체, 광고 대행사, 디자인 대행사, 교육기관 등이다. 게다가 이들 회사는 우즈베키스탄에만 광고를 하는 것이 아니라 외국에도 광고를 한다. 그들 중 몇몇은 국민기업 또는 대규모 국제 브랜드의 지역대표 회사가 되었으며, 일부는 자신이 대규모 브랜드로 성장하였다.

2. 인물들

◎ 염 알렉산드르 비사리오노비치 (Ем Александр Виссарионович)[1]

1985년 8월 6일 앙그렌에서 출생하였다. 2008년 타시켄트정보기술대학을 졸업하였다.

2011년 강 비탈리 빅토로비치와 공동으로 가구 생산 업체 Vivat Mebel을 창업하였다. 2015년에 배달서비스 업체 Samurai Sushi를 열었다. 2016년에는 조리-배달 업체 Dayako Chicken(한국의 레시피로 요리한 닭)을 개설하였다.

2018년 70석 규모의 한국식 맥주 팝레스토랑 Dayako Chicken Pub을 개점하였다. 기혼, 자녀 2명.

---

1) 이력서

◎ 강 뱌체슬라프 유리예비치(Кан Вячеслав Юрьевич)[2]

1976년 9월 2일 출생하였다. 1998년 타시켄트국립대학교 러시아어문학부를 (우수한 성적으로) 졸업하였다. 1998~2005년 학교에서 영어 교사로 재직하였다. 2004년 강 뱌체슬라프 유리예비치는 무료로 공고를 내거나 혹은 다른 소비자들의 공고를 검색하면서 각자가 팔고 살 수 있고 또 서비스와 일을 찾을 수 있는 웹사이트 게시판 www.torg.uz를 개설한다. 프로젝트는 빠르게 유명세를 탔으며, 우즈베키스탄에서 가장 방문자가 많은 사이트 중 하나가 되었다. 2005년과 2007년, 그리고 2009년에 www.torg.uz는 우즈베키스탄 국내 도메인 인터넷 페스티발에서 "인터넷 서비스 분야 최고의 웹사이트" 부문에서 1위를 차지하였다. 지금 www.torg.uz는 전자상거래 분야에서 세계적 선도업체라고 할 수 있는 국제적 기업 나스퍼스의 관리 하에 olx.ux라는 이름으로 영업을 하고 있다.

2017년 강 뱌체슬라프 유리예비치는 모스크바에서 적용되고 있는 학술프로그램에 기반을 둔[젊은이들의] 직업 선택과 발전을 돕는 센터 MyWay를 개설하였다. 유한회사 "My Way Proforientation Ltd"(이것이 MyWay 센터의 공식 명칭이다)는 모스크바국립대학교(러시아)의 테스트·개발센터 "인도주의 기술(Human Technologies)"의 공식 지역대표부이다. MyWay는 교육부와 협력하고 있다.

기혼, 자녀 3명.

---

2) 이력서

2015년에 고려인 기업가들의 클럽 "고려인"을 창설하였다. "고려인"은 고려인문화센터협회에 속해 있다. 또한 그는 약카사라이 고려인 문화센터의 의장이다.

◎ 김 비탈리 겐나디예비치(Ким Виталий Геннадьевич)[3]

1981년 5월 17일 사마르칸트에서 출생하였다. 베루니 기림 타시켄트국립기술대학교에서 "공업과 혁신 경영" 전공으로 학사(2002년)와 석사(2004년)를 졸업하였다.

2004∼2008년 주식회사 "우즈베크게오피지카"[=우즈베크지구물리학]에서 기술자로 일하였다. 2008∼2014년 주식회사 "우즈베크네프쩨가즈"[=우즈베크석유가스]에서

기사로 일하였다. 2014∼2018년 고등, 중등특별 및 직업 교육 개발센터 내의 교육 분야 경제·투자·마케팅부에서 선임 전문가로 일하는 한편, [화학 관련] 주식회사 "우즈키묘사노아트"의 "마케팅 및 대외경제활동"국에서 수석전문가로, "미래발전전략본부"의 본부장으로 일하였다.

2015년부터 "Geo Dynamical System Ltd"의 사장이며, "게오테크 그룹"의 창립자이다. 연구수행 관련 회사, (지질-지구물리학 분야의) 실지조사 관련 회사, 운송보장 관련 회사, 건축설비 관련 회사 및 우즈베키스탄에서 석유가스공업 분야 서비스를 제공하는 회사를 합해 모두 5개 회사가 "게오테크 그룹"에 속해 있다. "게오테크 그룹"의 시장 점유율은 2013년 통계에 의하면 6%에 불가했으나 2018년에 이르

---

3) 직장에서 받은 조회서

면 41%를 상회하고 있다.

우즈베키스탄 인민민주당 당원.

우즈베키스탄공화국 인민대의원회의 타시켄트주 키브라이지구 대의원(2018년부터).

고려인문화센터협회 타시켄트주 의장.

"우즈베키스탄공화국 헌법 25주년" 메달을 수상하였다.

기혼, 자녀 4명.

◎ 고가이 예브게니 아나톨리예비치 (Когай Евгений Анатольевич)[4]

1975년 11월 7일 타시켄트에서 출생하였다.

1998년 타시켄트기계기술대학에서 "다채널 전기통신 엔지니어링"을 전공하고 졸업하였다.

2000∼2001년 시외통신, 라디오, 텔레비전 생산협회에서 엔지니어로 일하였다.

현재 우즈베키스탄의 선도적 통신회사 "유니텔"(우즈베키스탄에서의 Beeline 상표)의 정보기술 담당 사장이다.

◎ 리 바딤 겐나디예비치(Ли Вадим Геннадьевич)[5]

1969년 11월 28일 카라간다(카자흐스탄)에서 출생하였다. 레닌 기림 상트-페테르부르크 전기기술대학을 "시스템공학자-기사" 전공으로

---

4) 이력서
5) 직장에서 받은 조회서

졸업하였다.

1993년부터 2006년까지 앙그렌시 유일의 기업 "이시클리크 만보이"(온수공급망)의 엔지니어-프로그래머이자 ASY 과장으로 일하였다. 2006년부터 현재까지 업체 "QUVVAT Ltd."의 사장이다.

우즈베키스탄의 고려인 기업가 클럽 "고려인"의 회원(2016년부터). 우즈베키스탄 자유민주당 당원(2017년부터), 우즈베키스탄 자유민주당 앙그렌시 당위원장(2017년부터).

인민대의원회의 앙그렌시 대의원.

기혼, 자녀 2명.

◎ 리 이고리 겐나디예비치(Ли Игорь Геннадьевич)[6]

1982년 1월 30일 앙그렌에서 출생하였다. 타시켄트국립기술대학교에서 "기술시스템 관리" 전공으로 학사(2003년)와 석사(2005년)을 졸업하였다.

2005~2008년 "QUVVAT Ltd."에서 엔지니어-프로그래머로 일하였다.

2008년부터 "VADES GROUP Ltd."의 사장. "VADES GROUP Ltd."는 광범한 상품과 서비스 목록을 제공한다. 회사는 중앙아시아에서 유일한 마이크

---

6) 이력서

로프로세서 카드의 생산자이다.

우즈베키스탄 자유민주당 당원. 우즈베키스탄 고려인문화센터협회 산하 청년센터 의장(2018년부터).

기혼, 자녀 3명.

◎ 박 드미트리 겐나디예비치(Пак Дмитрий Геннадьевич)[7]

1979년에 페르가나에서 출생하였다. 1999년에 페르가나종합기술대학을 졸업하였다.

사업 활동:

1999~2005년 엔지니어-공학자, 페르가나생산협회 "아조트"의 구역장.

2005~2008년 주식회사 "Farg'onaazot (페르가나아조트)"의 설비 집중수리공장장.

2008~2014년 주식회사 "Farg'onaazot"의 기계기사장.

2014~2015년 주식회사 "Farg'onaazot"의 수석 엔지니어.

2015~2017년 주식회사 "Farg'onaazot"의 생산 담당 사장, 주식회사 "Farg'onaazot"의 대표이사 제1대리.

2017~현재 주식회사 "Узкимёсаноат"[=우즈베크화학공업]의 대표이사 제1대리.

---

7) https://uzkimyosanoat.uz/ru/company/management/pak-dmitriy-gennadevich

제3장

학문·교육 분야의 고려인들

1. 역사적 배경

소련에서 고려인들은 학문과 교육의 전 분야에서 고무적인 존재였다. 사회적 의식의 상업화가 진행된 결과 이들 분야에서 고려인들의 이탈이 발생하였고, 자신의 전문 분야에서 계속적으로 일을 하는 고려인들이 점점 적어지고, 학문을 하고자하는 고려인들의 수가 줄어들었다. 그럼에도 젊은 고려인들 중에는 학문 및 교육 분야를 직업으로 선택하는 사람들이 있다.

포스트소비에트 시기에 학문과 교육에 종사하는 고려인들이 나타내는 몇몇 특징이 있다.

첫째, 소련의 학자들은 절대다수가 소련의 고등교육기관을 졸업하였고, 외국에 가는 일이 아주 드물었다(특히 사회-인문학 분야 학자들). 현 세대의 젊은 고려인 학자들은 종종 외국(한국, 미국, 유럽 등)에서 교육을 받고 그 학위를 갖고 있으며, 전 세계에서 열리는 국제학술대회에 참가하고, 외국 저널에 논문을 발표하고, 다양한 국제 프로젝트에 참여하고, 외국에서 강의를 하거나 학술 활동을 벌인다.

둘째, 사회-인문과학 분야의 학자들 사이에 한국학 연구, 무엇보다도 "고려사람" 자신의 역사와 문화 연구에 종사하려는 강한 바람이 목격되고 있다. 이미 두 개의 Ph.D 학위 논문이 하나는 우즈베키스탄에서 다른 하나는 한국에서 통과되었으며, 준비가 거의 다 된 학위 논문도 몇 개가 있다. 또한 이 방면에서 상당수의 논문이 발표되었으며, 학술 회의가 조직되고 있다.

2. 인물들

◎ 김 빅토리야 바디모브나(Ким Виктория Вадимовна)[1]

1982년 11월 22일 타시켄트에서 출생하였다.

1999~2003년 타시켄트국립동방학대학에서 국제경제관계를 전공하고, 우수한 성적으로 졸업하였다(학사).

2006~2007년 존스홉킨스대학 국제관계대학원 '사이스'(미국)에서 석사과정을 공부하고, 졸업하였다(국제관계학 석사).

영국 볼튼대학 석사 수료 / 2013~2014년 중국 베이징국제관계대학 국제멀티미디어저널리즘 석사.

---

1) 이력서

추가 학력:

부에노스아이레스대학 / 모티브아르테 사진학교. 2010~2012년 사진, 영화, 텔레비전, 디지털 오디오-비디오 제작 분야에서 국제인증.

부에노스아이레스대학 철학·문학부. 스페인 언어와 문학에 대한 국제인증(2010~2011년).

피렌체 국제영화학교 새로운 르네상스. 영화제작기술 분야에서 국제인증(2008년).

인적 자원 개발 우즈베크-일본 센터(국제친선 일본 대리점). 사무관리(특화 부문: 인사관리) 분야 국제인증 – 타시켄트(2004~2005년).

업무 경력:

세계은행. 인간 잠재력 개발 분과(2013년).

세계은행. 남아시아부(2012년).

세계은행. 국제환경기금 평가국(2009년).

미국 존스홉킨스대학 '사이스'의 동아시아연구센터(2008년 10월부터 2009년 2월까지, 초빙연구원; 2007년 5월부터 2008년 6월까지 연구원).

마스터브레이크실린더 연구개발 독일 대리점, 타시켄트 사무소(2004년 6월부터 2005년 8월까지 연구원/통역원).

우즈베키스탄 대외경제관계·투자·상업부(2002년 9월부터 2005년 8월까지 선임 직원).

출판:

- 2006년 연감으로 본 북한 핵 위기 개관, 존스홉킨스대학 '사이스' 산하 한미연구소에서 출간됨. (http://uskoreaninstitute.org/academics/sais-us-korea-yearbook/2006-yearbook/2006-us-dprk-relations/overview-north-korean-nuclear-crisis/byviktoriya-kim)

 - "한국, 미국, 그리고 중앙아시아: 글로벌화 되는 세계의 먼 파트너들"(켄트 E. 칼더 박사와 공저), 한국경제연구소 제19차 학술회의, 2008년. (http://www.keia.org/publication/global-partnership-through-resource-diplomacy-korea-united-states-and-centrial-asia)

 - "우즈베키스탄에서 잃은 것과 얻은 것: 고려인 역사"(http:koreanstory.atavist.com), 또한 신문 "Diplomat"에 2016년 6월 게재되었다.

 - Made in North Korea: Graphics from Everyday Life in the DPRK (http://koryogroup.com/blog)

◎ 김 스베틀라나 유리예브나(Ким Светлана Юрьевна)[2]

1989년 3월 3일 출생하였다.

우즈베키스탄민족대학 영문학부에서 공부하였다(2007~2008년). 오스트리아 그라츠 소재 칼프란츠대학 학사를 졸업하고 (2009~2013년), 빈대학 석사를 마쳤다 (2013~2015년). 석사학위 논문의 주제는 "중앙아시아와 러시아 고려인들의 이주 경험이 러시아어 사용 문학에 미친 영향"이다.

현재 빈대학 슬라브학-사회학부에서 박사과정을 밟고 있다. 논문의 주제는 "한국, 독일, 오스트리아의 포스트소비에트 고려인들의 문화변용

---

2) 이력서

과 문화 및 언어"이다.

여러 국제학술대회에서 보고문을 발표하였다(오스트리아, 카자흐스탄, 러시아, 우즈베키스탄, 체코, 한국).

직업 경력:

2016년 6월부터 Oead 국제학위 담당 매니저, 오스트리아 과학·연구·교육부 산하 오스트리아학위재단, 빈.

2016년 4월~2016년 5월 사회학연구센터 연구원, 빈.

2014년 10월~2016년 1월 유럽재정프로그램 담당 매니저. 빈대학, 화학·미생물학연구센터, 빈.

2014년 4월~2016년 9월 국제학술프로그램 담당 매니저. 보쿠 자연과학대학, 국제관계연구센터, 빈.

2011년 3월~2014년 3월 국제프로젝트 담당 매니저. 칼프란츠대학, 러시아·유라시아·동양연구센터 "REES", 그라츠.

2012년 10월~2012년 11월 법률회사 "란스키&간츠거"의 통역원, 빈.

학술 활동:

A New Korean village next to Moscow. Dossier on Europe et Régionalisme. Nouvelle Europe Journal, 2018년 3월 20일.

Http://nouvelle-europe.eu/en/new-korean-village-next-moscow.

A Korean Pilgrimage to the Russian Far East. Dossier on Collective Memory in Europe. Nouvelle Europe Journal, 2017년 11월 4일.

Http://nouvelle-europe.eu/en/korean-pilgrimage-russianfar-east.

오스트리아와 독일에서의 "고려사람"의 문화변용 // 우즈베키스탄 고려인 거주 80주년 기념 학술회의(2017년 11월 16일) "우즈베크 땅에서의 80년"의 논문자료집. 타시켄트, 7쪽.

"고려사람"의 한국 이주 // 원동에서 중앙아시아로의 고려인 강제이주 80주년 기념 국제 심포지엄 자료논문집(2017년 9월 15~17일, 블라디보스토크-우수리스크).

1937년: 러시아어 사용 고려인들 – 과거와 현재, 그리고 미래,(모스크바-블라디보스토크-우수리스크, 2018년, 482~496쪽.

How European Can Be a Post-Soviet Korean? Dossier on Nationalism and National Indifference in Contemporary Europe. Nouvelle Europe Journal, 2017년 4월 22일. Http://nouvelleeurope.eu/en/how-european-can-be-post-soviet-korean.

The Koryo Saram in Uzbekistan as a Gateway for South Korean Diplomacy: Adopting a "Homeless" Diaspora. Reckel, j. (ed.), Korean Diaspora. Göttingen. (공저자 Andreas Pacher, 출간 예정).

The Two Koreas and the Post-Soviet Korean Minority: an Emergent Role for the "Koryo-Saram" as a Diasporic Actor. (공저자 Andreas Pacher, 출간 중).

Die suche nach der identität und verlorenen heimat. Akademikerverlag, Saarbrücken, 2015.

단체 "Корейцы из СНГ в Австрии" 설립자(빈, 2011).

◎ 리가이 루슬란 예피모비치(Ли Руслан Ефимович)[3]

1973년 3월 2일에 출생하였다. 톰스크 (러시아) 소재 시베리아국립의과대학을 졸업하였다.

의학 박사, 아카데믹 V. 바이도프 기림 공화국전문외과수술센터 식도-위장 수술부 수석연구원. 35개 학술회의 참가자이며 65개 논문의 저자이다. 발명 특허들을 가지고 있다.

◎ 마가이 옐레나 보리소브나(Магай Елена Борисовна)[4]

1973년 8월 28일 타시켄트주 치르치크에서 출생하였다. 우즈베크스탄민족대학을 졸업하였다(1999년). 생물학 박사(우즈베키스탄 과학원 미생물학연구소, 2006년)

포스트닥:

2011~2014년 – 핵에너지연구소(한국, 대전)

2007~2011년 – 생물학·생명공학기술연구소(한국, 대전)

우즈베키스탄 과학원 미생물학연구소 토양미생물실험실 선임연구원.

잡지 "미생물학과 바이러스학" 편집국원, 카자흐스탄(2015년~).

우즈베키스탄 고려인문화센터협회 산하 과학기술단체 "진보"의 생물학분과 부의장.

---

3) 이력서

4) 이력서

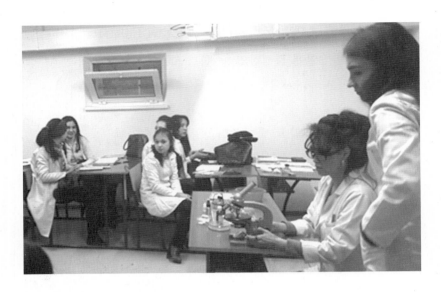

상훈:

2013년 - 국제인명백과사전 "Marquis Who's Who in the World"에 지명됨. 30th Pearl Anniversary Edition of Who's Who in the World.

2013년 - "Smart Sister"상을 수상함, Korean Women Scientists and Engineers, 한국, 서울.

2003년 - "Uzbekiston Fanlar Akademiaci"상을 수상함, 우즈베키스탄, 타시켄트.

◎ 나가이 알렉산드르 비사리오노비치 (Нагай Александр Виссарионович)[5]

1984년 11월 24일 타시켄트에서 출생하였다. 우즈베키스탄민족대

─────────────
5) 이력서

학 생물학부 학사(2006년)와 석사(2008년)를 졸업하였다. 생물학 박사, 조교수.

2008년 "동맥 고혈압" 실험실 연구원, 공화국심장의학전문센터.

2009~2012년 인간유전학실험실 대학원생, 우즈베키스탄 과학원 유전자연구소.

2012~2013년 생화학실험실장, 성형외과클리닉.

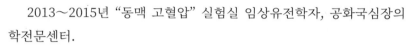

2013~2015년 "동맥 고혈압" 실험실 임상유전학자, 공화국심장의학전문센터.

2015~현재 분자유전학 실험실 임상유전학자, 과장, 공화국심장의학전문센터.

◎ 박 발레리 빅토로비치(Пак Валерий Викторович)[6]

모스크바정밀화학기술대학 졸업(1981~1987년).

공학(유기화학) 박사 – 우즈베키스탄 과학원 식물화학연구소(2001년), 초빙연구원(Korea Food Institute, 포스트닥, 2003~2008년)

"Tegen Group Ltd." 실험실장, 식물화학연구소 선임연구원.

60여 권의 학술서적 저자.

---

6) 이력서

"Journal of Ethic Food"(한국) 편집자.

우즈베키스탄 전통태권도연맹 사무총장.

- 사범, 검은띠 7단.

- 국제 교관.

- 국제 심판.

고려인 운동에 참여: 우즈베키스탄 고려인문화센터협회 산하 학술 기술단체 "진보" 부의장.

상훈 및 조회서 정보:

- Marquis "Who's Who in the World", 2010~2017년

- "Albert Nelson Marquis Lifetime Achievement Award", 2017~2019년

◎ 박 류드밀라 뱌체슬라보브나(Пак Людмила Вячеславовна)[7]

1982년 11월 17일에 출생하였다. 니자미 기림 타시켄트국립사범대학 역사학부의 학사(2001~2005년)와 석사(2005~2007년)를 마쳤으며, 우즈베키스탄 과학원 역사연구소에서 "민족학, 인종학, 인류학" 전공으로 박사과정을 졸업하였다(2008~2010년).

우즈베키스탄 과학원 역사연구소 "인종학, 사회인류학"과 연구원.

우즈베키스탄 과학원 역사연구소의 지원금 프로젝트 "현대 우즈베키스탄의 민족 디아스포라들 의식(儀式) 문화에서의 전통과 혁신(타시

---

7) 이력서

켄트의 자료를 중심으로)"(2009~2011년), "외국의 인종학 학파들과 현대 우즈베크 인종학"(2011~2012년), "우즈베키스탄의 인종생태학"(2017~2018년)에 참여하였다.

"Gerda Henkel Foundation"(독일, 2011년)과 CARTY(미국, 2013~2015년)의 연구지원금 수령자. 2011~2013년 여름학교 "ReSet"(알마티)에 참가하였다.

출판:

1. 전통 결혼예식 연구(타시켄트 고려인들의 예를 중심으로) // Ozbekiston tarixi. 2010년 제1호, 61~69쪽.

2. 전통 결혼예식에서의 시간과 공간 카테고리의 역할(우즈베키스탄 고려인들의 예를 중심으로) // Ozbekiston tarixi. 2011년 제3호, 87~96쪽.

3. "현 단계 문화인류학에서의 연구방법론 발전 동학 // 중앙아시아의 지적 발전 맥락에서의 역사학. 타시켄트:Yangi nashr, 2014년 64~70쪽.

4. 우즈베키스탄 고려인들의 결혼예식의 의미 연구 // 카자흐스탄의 한국학. 제2호. 알마티, 2013년, 197~206쪽.

5. 결혼예식의 꽃에 담긴 상징적 위미와 이원성(우즈베키스탄 고려인들의 예를 중심으로) // 카자흐스탄의 한국학. 제3호. 알마티, 2015년, 291~297쪽.

6. 우즈베키스탄 고려인 문화의 수(數)에 담긴 상징적 의미(결혼예식의 사례를 중심으로) // 미차이(МИЦАЙ) 통보. 국제중앙아시아연구소. 제21권. 사마르칸트, 2015년, 88~102쪽.

◎ 정 미하일 드미트리예비치(Тен Михаил Димитриевич)[8]

1984년 6월 10일 타시켄트주에서 출생하였다. 우즈베키스탄민족대학을 사회학 전공으로 졸업하였다.

사회학 박사(우즈베키스탄 과학원 역사연구소, 2011년). 논문의 테마는 "우즈베키스탄 고려인들의 인종문화적 정체성의 형성과 발전 및 변형"이다.

일련의 국제학술대회(벨라루스, 카자흐스탄, 키르기스스탄, 러시아, 스위스)에 참가하였다.

출판:

1. 민족정체성 문제 // 중앙아시아 한국학 통보. 알마티, 2007년, 제5(13)호, 295~305쪽.

2. 우즈베키스탄 고려인 청년들의 민족정체성 문제 // 고려인 디아스포라의 회고와 전망: 2007년 13~15일 개최 국제학술대회 자료집. 알마티, 2007년, 186~189쪽.

3. 우즈베키스탄 고려인 청년들의 민족정체성 요인으로서의 문화보존 // 한국학 연구 대학생 포럼: 청년학술대회 자료집. 타시켄트, 2007년, 16~29쪽.

4. 고려인 대학생 멘탈리티의 특성과 민족정체성 문제 // XXI ASR Ijtimoiy-siyosiy zaraenlar: 2008년 5월 23일 개최 소장 학자들의 학술연구발표회 자료집. 타시켄트, 2008년, 231~234쪽.

5. 우즈베키스탄 고려인의 한국으로의 노동이민 // 사회적 의견. 인

---

8) 이력서

권. 타시켄트, 2008년, 제3호, 39~44쪽.

6. 우즈베키스탄 고려인들의 노동이민에서 나타나는 고려사람의 인종문화적 정체성 문제 // 중앙아시아와 고려인 디아스포라: 2009년 7월 1~2일 개최된 제9차 한국학 국제학술대회 자료집. 비쉬테크, 2009년, 222~229쪽.

7. Globalization for Languages of Ethic Minorities(on Materials of Koreans of Centril Asia) // Abstracts of International Conference on Centrial Asia and Globalization, July 13~14. 비슈케크, 2009년, 103~105쪽.

8. 러시아의 인종문화적 공동체 "고려사람"의 형성의 역사 // 우즈베키스탄의 사회과학. 타시켄트, 2009년, 제2호, 81~87쪽.

9. 우즈베키스탄 고려인들의 한국으로의 노동이민 // 중앙아시아 한국학 통보. 알마티, 2009년, 제8(16)호, 61~77쪽.

10. 러시아 원동에서 우즈베키스탄으로의 고려인 강제이주의 결과 (1937~1938년) // 중앙아시아 한국학 통보. 알마티, 2010년, 제9(17)호, 82~90쪽.

11. 우즈베키스탄 고려인들의 언어문제 // 인종과 문화: 전통성과 현대성. 제9차 공화국학술대회 자료집. 타시켄트, 2010, 164~172쪽.

12. 1937~1938년 러시아 원동에서 우즈베키스탄으로의 고려인 강제이주의 원인 // Ozbekiston tarixi. 타시켄트, 2010년 제3호, 74~81쪽.

13. 구전 역사에서의 전기(傳記)적 방법. 한만금에 관한 회상 // 우즈베키스탄에서의 구전 역사: 이론과 실제. 학술대회 자료집, 타시켄트, 2011년, 245~256쪽.

14. 우즈베키스탄 고려인과 한국 한인들의 공동 작업장에서 나타나

는 사적 상호관계의 특성 // 동양학의 당면 문제들: 문제와 전망. 우수리스크, 2011년, 240~253쪽.

15. 우즈베키스탄 고려인들의 물질문화의 변화에 관한 연구 // Ozbekiston tarixi. 1권. 타시켄트, 2013년, 84~91쪽.

16. 우즈베키스탄 고려인들의 현재 인종문화적 정체성(사회학적 연구 자료를 중심으로). 타시켄트, 2013년, 124쪽.

현재 노보시비르스크(러시아)에서 거주하고 있다.

◎ 한 올가 발레리예브나(Хан Ольга Валерьевна)[9]

1988년 9월 13일 타시켄트에서 출생하였다. 그녀의 할아버지는 저명한 학자이자 소련 고려인운동의 창시자 중 한 명인 세르게이 미하일 한이다. 아버지는 유명한 학자로서 고려사람의 역사와 문화의 전문가인 발레리 세르게예비치 한이다.

미르조 울루그베크 기림 우즈베키스탄민족대학 인문학부를 졸업하였다(2006~2010년).

성균관대학교 한국어학당(2012~2013년)과 대구대학교 한국어학당(2013~2014년)에서 공부하였다. 2013년 NIEED 프로그램에 의한 장학금을 수령하였다.

중앙대학교 공연영상창작학부 영화연출전공 석사과정을 졸업하였다(2014~2017년). 졸업과 함께 중앙대학교 영화 역사와 이론 전공 박

---

9) 이력서

사과정에 입학하였다. 2018년 현재 박사과정 2년차에 재학 중이다.

단편 예술영화 3편을 촬영하였다.

출판:

파르메니데스 철학에서의 존재 범주 // 21세기의 사회정치적 과정. 제1권. 2008년 5월 23일에 개최된 신진학자 학술대회의 자료집. 타시켄트, 우즈베키스탄민족대학 출판부, 2008년 157~159년.

실제의 주관적, 객관적 이해 문제 // 공화국학술대회(2010년 5월). 타시켄트, Noshir, 2010년 398~401쪽.

◎ 허가이 알레시야 안드레예브나 (Хегай Алесия Андреева)[10]

1988년 7월 25일에 출생하였다. 1998~2003년 제4음악학교(타시켄트)에서 클래식 바이올린 전공으로 공부하였다. 니자미 기름 타시켄트국립사범대학 한국어문학과에서 한국어 전공으로 학사(2005~2009년)과 석사(2009~2011년)를 졸업하였다.

한국 공주대학교 박사과정을 마쳤으며 (2011~2015년), "조명희 시 연구. 고려인 시문학에서의 활동과 그 유전성을 중심으로"라는 주제로 박사학위를 받았다(2015년).

업무:

2010~2011년 한국 회사 Daily group Plus Co, Ltd.(타시켄트 소

---

10) 이력서

재)의 통역원.

2012~2013년 공주대학교 Dream House 사무소 통역원 겸 코디네이터.

2014~2015년 "고려신문"(타시켄트) 통신원.

2016~2017년 "YBM Education – Seoul English Village Suyu Camp English Village"(한국 서울) 영어 강사.

러시아어, 영어, 우즈베크어, 한국어, 스웨덴어를 구사한다.

현재 결혼하여 남편과 함께 스웨덴에서 거주하고 있다.

◎ 최 알렉세이 올레고비치(Цой Алексей Олегович)[11]

1980년 8월 17일에 출생하였다. 의학고등교육.

의학 박사. 아카데믹 V. 바이도프 기림 공화국전문외과수술센터 식도-위장 수술부 연구원.

15개 학술회의 참가자이며 13개 논문의 저자이다. 발명 특허들을 가지고 있다.

---

11) 이력서

◎ 최 마리야 알렉산드로브나(Цой Мария Александровна)[12]

1989년 11월 18일 출생하였다. 타시켄트소아의학대학 학사(2007~2014년)와 석사(2015~2017년)를 졸업하였다. 아카데믹 V. 바이도프 기림 공화국전문외과수술센터 방사선과 의사.

학술적 관심 분야:

- 위암 환자 진단 분야의 퓨전 양전자 방출 단층촬영.

- 근위축성 측색 경화증 환자 진단 분야의 자기공명영상-분광학, 트락토그라피.

12) 이력서

◎ 유가이 이고리 알렉산드로비치
(Югай Игорь Александрович)[13]

1974년에 출생하였다. 신경외과 의사, 의학 박사이며 타시켄트고급의학연구소 선임연구원 겸 조교수이다. 공화국전문신경외과센터 주임의사이다.

50여 권의 학술서적 저자이며, 약 15개의 특허 및 저작권 인증서를 갖고 있다. 외국에서 열린 학술대회 및 세미나에서 일련의 보고를 하였다(말레이지야, 한국, 오스트리아, 이탈리아, 러시아, 카자흐스탄).

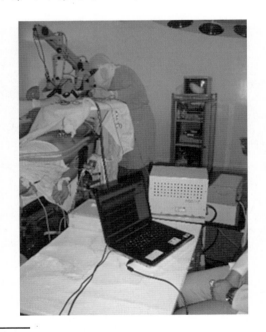

---

13) 이력서

제4장

문예 및 대중매체 분야의 고려인들

1. 역사적 배경

독립 시기 우즈베키스탄의 젊은 고려인 작가와 시인들의 문예 창작은 다음과 같은 특징을 갖는다.

첫째, 창작활동이 모두 러시아어로 이루어지고 있다. 현재 우즈베키스탄에는 한국어로 작품을 쓰는 작가와 시인이 없다.

둘째, 전체적으로 비전문가적 문예활동이다. 현재 활동하고 있는 젊은 작가나 시인들 중에 문학대학을 졸업한 사람이 전혀 없으며, 아무도 문예 창작활동으로 생계를 유지하지 않는다.

셋째, 구세대의 고려인 작가들이 자신의 창작활동에서 클래식한 (전통적인 한국형 또는 러시아-소비에트형의) 장르와 문체를 지향하였다면, 신진 세대에는 실험적인 경향이 있다.

넷째, 구세대의 소비에트 고려인들과는 달리 신진 세대의 작품들에는 잃어버린 조국과 이데올로기에 대한 향수가 사라지고 없다.

2. 인물들

◎ 안 타티야나(Ан Татьяна)[1]

1979년 타시켄트주에서 출생하였다. 페르가나국립대학 로마-게르만 인문학부를 졸업하였다. 유치원 교사-특수교육자. 사진저널리즘에 종사하고 있다.

제1차, 제2차 우즈베키스탄 신진 고려인 시인-작가 콩쿠르 수상자.

출판:

나는 너의 이름으로 숨을 쉬다. 시 // 우즈베키스탄 신진 고려인 시인·작가 콩쿠르(2009～2010년). 타시켄트, 2010, 66～67쪽.

시 // 제2차 우즈베키스탄 신진 고려인 시인·작가 콩쿠르(2013년). 타시켄트, 2013, 13쪽.

가버린 운명의 그림자 // 제2차 우즈베키스탄 신진 고려인 시인·작가 콩쿠르(2013년). 타시켄트, 2013, 58～81쪽.

시. 산문 // 아리랑-37. "고려신문"의 문학예술앨범. 타시켄트: Baktria Press, 2017년, 17～53쪽.

---

1) 제2차 우즈베키스탄 신진 고려인 시인·작가 콩쿠르(2013년). 타시켄트, 2013; 아리랑-37. "고려신문"의 문학예술앨범. 타시켄트: Baktria Press, 2017년.

◎ 안 세르게이 알렉세예비치(Ан Сергей Алексеевич)[2]

1987년 6월 22일 출생하였다. 타시켄트 국립정보공학대학을 졸업하였다(2008년). 웹-공학 분야에서 일하고 있다.

소설 "쉐레메테보-암스테르담", 일련의 중편소설 및 단편소설의 저자. 필명은 안드레이 휴즈이다. 우즈베키스탄 신진 시나리오작가 콩쿠르 우승자.

출판:

쉐레메테보-암스테르담(소설의 제목) // 아리랑-37. "고려신문"의 문학예술앨범. 타시켄트: Baktria Press, 2017년, 60~97쪽.

◎ 지니나-최 류드밀라(Зинина-Цой Людмила)[3]

1984년 나망간시에서 출생하였다. 나망간기술사범대학 정보학부 학사와 석사를 졸업하였다.

나망간기술대학 정보학-정보기술학과 강사.

우즈베키스탄 작가동맹 주최 청년 콩쿠르 "21세기 문학의 희망"의 수상자. 제1차, 제2차 우즈베키스탄 신진 고려인 시인·작가 콩쿠르 수상자(2010년, 2013년).

---

2) 제2차 우즈베키스탄 신진 고려인 시인·작가 콩쿠르(2013년)
3) 아리랑-37. "고려신문"의 문학예술앨범. 타시켄트: Baktria Press, 2017년.

출판:

시집 "저마다의 사랑하는 영혼을 위해"의 저자(2002년).

아프손. 중편 소설. 나망간, 2013년.

시 // 우즈베키스탄 신진 고려인 시인·작가 콩쿠르(2009~2010년),
타시켄트, 2010년, 64~65쪽.

시 // 제2차 우즈베키스탄 신진 고려인 시인·작가 콩쿠르(2013년),
타시켄트, 2013년, 64~65쪽.

시집 "판소리의 반향". 타시켄트, 2014년.

시 // 아리랑-37. "고려신문" 문학예술앨범. 타시켄트: Baktria
Press, 2017년, 8~16쪽.

◎ 리 옐레나(Ли Елена)[4]

1988년 10월 2일 타시켄트주에서 출생
하였다. 세계경제·외교대학을 졸업하였다.

출판:

시 // 제2차 우즈베키스탄 신진 고려인
시인·작가 콩쿠르(2013년), 타시켄트, 2013
년, 24~25쪽.

러시아인이고 싶지 않다. 소설-판타지.
// 아리랑-37. "고려신문"의 문학예술앨범.
타시켄트: Baktria Press, 2017년, 194~216쪽.

---

4) 제2차 우즈베키스탄 신진 고려인 시인·작가 콩쿠르(2013년). 타시켄트, 2013년

◎ 정 미하일 드미트리예비치(Тен Михаил Димитриевич)[5]

1984년 6월 10일 타시켄트주에서 출생하였다. 우즈베키스탄민족대학을 사회학 전공으로 졸업하였다.

역사학 박사(우즈베키스탄 과학원 역사연구소, 2011년). 논문의 테마는 "우즈베키스탄 고려인들의 인종문화적 정체성의 형성과 발전 및 변형"이다.

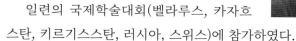

일련의 국제학술대회(벨라루스, 카자흐스탄, 키르기스스탄, 러시아, 스위스)에 참가하였다.

제1차 및 제2차 우즈베키스탄 신진 고려인 시인·작가 콩쿠르(2010년, 2013년) 수상자.

출판:

나는 깨진 컵 조각이다. 시 // 우즈베키스탄 신진 고려인 시인·작가 콩쿠르(2009~2010년). 타시켄트, 2010년, 68~68쪽.

시 // 제2차 우즈베키스탄 신진 고려인 시인·작가 콩쿠르(2013년). 타시켄트, 2013년, 20~21쪽.

시 // 아리랑-37. "고려신문"의 문학예술앨범. 타시켄트: Baktria Press, 2017년, 54~56쪽.

---

5) 아리랑-37. "고려신문"의 문학예술앨범. 타시켄트: Baktria Press, 2017년.

◎ 한 올가 발레리예브나(Хан Ольга Валерьевна)[6]

 1988년 9월 13일 타시켄트에서 출생하였다.

어렸을 때부터 그림에 심취하였다. 학교 졸업 후에, 베니코프 기림 공화국미술칼리지를 영화·텔레비전 화가 전공으로 마쳤다(2003~2006년). 미르조 울루그베크 기림 우즈베키스탄민족대학 인문학부를 졸업하였다(2006~2010년).

성균관대학교 한국어학당(2012~2013년)과 대구대학교 한국어학당(2013~2014년)에서 공부하였다. 2013년 NIEED 프로그램에 의한 장학금을 수령하였다.

중앙대학교 공연영상창작학부 영화연출전공 석사과정을 졸업하였다(2014~2017년). 졸업과 함께 중앙대학교 영화 역사와 이론 전공 박사과정에 입학하였다(2017년).

자신이 시나리오를 쓰고 감독을 맡은 일련의 필름을 제출하였다.

2009~2010년 아마추어 장편영화 "사랑, 꿈, 희망?"을 촬영하였다. 그 다음에, 국제적으로 유명한 극장 "일홈"의 배우인 뱌체슬라프주(Вячеслав Цхю)의 참여 하에 단편영화 "무사태평한 천사"를 촬영한다.

중앙대학교에서 공부하면서 단편영화 "범선의 기적"을 촬영한다(2014년). 영화는 국제페스티발인 "5대륙 영화페스티발"(이탈리아, 2015년) 및 우즈베키스탄 신진 영화인들의 공화국페스티발 "PROlogue"의 예선라운드를 통과하였다. 2016년에는 이 페스티발에

---

6) 이력서

서 영화 "사막의 배"로 "최우수 감독" 부문 예선에서 우승하였다.

15세부터 문예창작에 심취하였다. 2004~2005년 3편의 중편소설을 썼고, 그중에 2편은 출판되었다. 제1차 우즈베키스탄 신진 고려인 시인·작가 콩쿠르(2010년) 수상자이다.

출판:

이상한 사건 // 우즈베키스탄 신진 고려인 시인·작가 콩쿠르(2010년), 타시켄트, 2010년, 51~60쪽.

선발된 자 // 아리랑-37. "고려신문"의 문학예술앨범. 타시켄트: Baktria Press, 2017년, 98~115쪽.

◎ 허가이 알레시야 안드레예브나(Хегай Алесия Андреевна)[7]

1988년 7월 25일 타시켄트에서 출생하였다. 1998~2003년 제4음악학교(타시켄트시)에서 클래식 바이올린 전공으로 공부하였다. 니자미 기름 타시켄트국립사범대학 한국어문학과에서 한국어 전공으로 학사(2005~2009년)와 석사(2009~2011년)로 졸업하였다.

한국 공주대학교 박사과정을 마쳤으며 (2011~2015년), "조명희 시 연구. 고려인 시문학에서의 활동과 그 유전성을 중심으로"라는 주제로 박사학위를 받았다(2015년).

제2차 우즈베키스탄 신진 고려인 시인·작가 콩쿠르(2013년) 수상자이다.

---

7) 이력서

현재 결혼하여 남편과 함께 스웨덴에서 거주하고 있다.

출판:

시 // 제2차 우즈베키스탄 신진 고려인 시인·작가 콩쿠르(2013년).
타시켄트, 2013년, 16~17쪽.

제5장

고려인 화가들

1. 역사적 배경

소비에트 시기에 (100명 이상의) 고려인 예술가의 성단(星團)이 나타났는데, (가장 저명한 인사들을 포함하여) 그들의 다수는 우즈베키스탄 출신이었다. 그들 중 일부는 "인민 화가", "공훈 화가", "공훈 예술가" 칭호를 받았으며, 소련의 공화국예술원 아카데믹이 되었고, 대한민국을 포함해서 소련 및 다른 공화국의 훈장과 메달을 받았다.

포스트소비에트 시기에 고려인 화가의 수는 줄어들었다. 주요 원인은 경제적 상황 때문이었다. 일부 화가들은 유명한 그림의 복사본을 만들어 그것들을 관광객이 많이 모이는 곳에 내다 팔았다. 그리고 몇몇은 몇 푼의 돈을 받고 관광객의 초상을 그리기 시작하였다. 유명한 화가들이 돈을 벌려고 한국에 가서 잡역노동자로 일하는 경우도 있다. 그리고 물론, 지역 주민들은 그 잡역노동자들이 아이들을 위한 미술학교를 열었을 때 놀랐으며, 그들의 장인적 솜씨를 보고는 더욱 놀랐다.

고려인-화가들의 수가 급격히 줄었음에도 불구하고 젊은이들 사이에는 예전처럼 재능 있는 화가들이 있다.

2. 인물들

◎ 김 빅토리야 에두아르도브나(Ким Виктория Эдуардовна)

1990년 타시켄트에서 출생하였다. 호드자예프 기림 공화국칼리지와 K. 베흐조드 기림 미술·디자인민족대학을 졸업하였다.

2013년 – 국제 여성의 날 및 "나우루즈" 기념 전시회, 청년창조회관, 타시켄트.

2014년 – "스체노마기야", 우즈베키스탄 시각예술 갤러리, 타시켄트; "청년 전시회", 우즈베키스탄 예술원 중앙전시관, 타시켄트;

"예술 강의" 프로젝트에 참여, 괴테연구소 주최, 타시켄트 사진회관.

자원운동 "아피쉬카" 참가자.

2017년 – 우즈베키스탄 고려인 화가들의 회고 전시회 "기억 1937~2017년", 우즈베키스탄 예술원 중앙전시관.

"클레오파트라" 시리즈 중에서

◎ 김 다리야 아나톨리예브나(Ким Дарья Анатольевна)[1]

1998년 타시켄트시에서 출생하였다. 어렸을 때부터 그림에 심취하였다. 아트-스튜디오 "NTLekt"(2001~2004년)와 아트-스튜디오 "코리브리"(2004~2011년)를 다녔으며, P. 베니코프 기림 민족미술칼리지를 "회화" 전공으로 졸업하였다(2013~2016년). 현재 K. 베흐조드 기림 미술·디자인민족대학에 재학 중이다("회화" 전공).

전시회, 포상, 콩쿠르:

2005년 상하이협력기구 나라들의 민속설화에 대한 그림 전시회 수상자(중국, 상하이).

2005년 콩쿠르 "아무도 잊지 않는다, 아무 것도 잊지 않는다"에서

---

1) 이력서

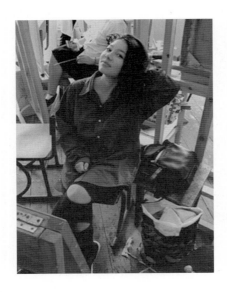

출품작이 "최우수 회화 작품"으로 선정되며 우승함(러시아, 모스크바).

2006년, 2007년, 2008년 러시아국제학술문화협력센터 신년 개관 콩쿠르 우승자(러시아, 모스크바).

2008년 우즈베키스탄민족은행 시각예술 갤러리에서 개인전 "쿠라진카"를 개최함(우즈베키스탄, 타시켄트).

2008년 국제 콩쿠르 "해저 판타지" 수상자(우크라이나, 도네츠크).

2009년 예술 콩쿠르 "나의 도시 타시켄트" 우승자(우즈베키스탄, 타시켄트).

2009년 유소년 유행 페스티발 "Bolajonlar shirintoylar" 수상자(우즈베키스탄, 타시켄트)

2015년 이쿄 히라마야 기림 국제문화카라반-사라이 예술작품 전시회에 매년 1주일 방식으로 참여함(우즈베키스탄, 타시켄트).

2015년 우즈베키스탄 예술원에서 은메달 수상(우즈베키스탄, 타시켄트).

2016년 "봄의 초대(베센늬 베르니사쥐)" 전시회에 참여함(우즈베키스탄, 타시켄트).

2017년 사진회관에서 열린 한국-우즈베키스탄 예술교환전시회에 참여(우즈베키스탄, 타시켄트)

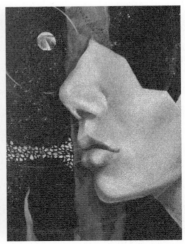

2017년 우즈베키스탄 고려인 화가 회고전시회 "기억(파먀치)"에 참여, 우즈베키스탄 중앙전시관(우즈베키스탄, 타시켄트)

2018년 World Korean Grand Art Festival에 참여(한국, 서울).

◎ 김 미하일 게오르기예비치(Ким Михаил Георгиевич)

1993년 타시켄트시에서 출생하였다. 타시켄트건축건설대학을 졸업하였다.

2015년 우즈베크스탄 타시켄트 시각예술 갤러리에서 열린 조각가 차도크 벤-다비드의 몽타주 프로젝트 "한밤의 이면(드루가야 스토로나 폴루노치)"에 참여함.

2017년 우즈베키스탄 고려인 화가 회고전시회 "기억(파먀치) 1937~2017"에 참여, 우즈베키스탄 중앙전시관.

거미

차와 길

◎ 리 나데즈다 레오니도브나(Ли Надежда Леонидовна)[2]

1990년 2월 14일 타시켄트주에서 출생하였다. 호드자예프 기림 공화국칼리지(2006~2009년, 도자기과)와 K. 베흐조드 기림 미술·디자인민족대학(2014~2018년)을 졸업하였다.

2015년 - "스체나마기야"[=무대마술], 타시켄트사진회관.

2016년 - 페스티발 "Street Art Battle", 타시켄트, 프롬조나.

2017년 - 우즈베키스탄 시각예술-응용예술 페스티발 "봄의 초대", 우즈베키스탄 고려인 화가 회고전시회 "기억(파먀치) 1937~2017",

 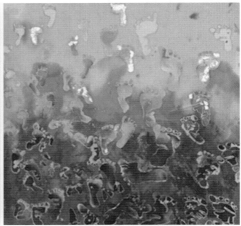

길의 벡터, 2017.

---

2) 이력서

우즈베키스탄 예술원 중앙전시관.

2018년 -World Korean Grand Art Festival "Where is our home?"(한국, 서울).

2018년 - "봄의 초대" 전시회, "나우루즈" 전시회, 우즈베키스탄 예술원 중앙전시관.

2018년 – 스트리트 아트 타시켄트 경향의 현대예술 페스티발 "URBAN FEST".

◎ 리가이 드미트리(Лигай Дмитрий)[3]

1986년 타시켄트시에서 출생하였다. 타시켄트건축건설대학을 디자인 전공으로 졸업하였다. 재학 중에 지방 출판사에서 화가-일러스트레이터로 일하기 시작하였다. 2009년부터 모스크바 일러스트레이션 대행사 "Bang! Bang! Studio"와 협업하였다. 10년 이상을 화가-일러스트레이터로 일하고 있으며, 외국 대행사 및 회사들과 협업을 하고 있다.

인터넷 개인 사이트: http://dmitryligay.com/

---

3) 출처: http://dmitryligay.com/

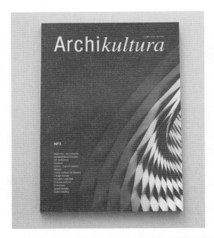

◎ 박 예브게니 니콜라예비치(Пак Евгений Николаевич)[4]

1979년 타시켄트시에서 출생하였다. 1994년부터 1998년까지 P.P. 베니코프 기림 미술학교(타시켄트) 디자인과에서 공부하였다. 1998년부터 국내외에서 열리는 전시회에 참가하였다. 2002~2005년에 K. 베흐조드 기림 미술·디자인연구소에서 일하였다. 2006년부터 우즈베키스탄 청년화가 단체 회원이다.

무엇보다 다양한 기술(에칭, 석판인쇄, 모노타입, 혼합기술)로 종이 위에 작업을 하고 있다. 또한 타투 및 바디-아트 예술에 종사하고 있다.

전시회:

1998년 아틀리에 TATA에서 개인 전시회.

2004년 "일홈" 극장에서 개인 전시회.

2007년 알마티시에서 인쇄그래픽 전시회.

2008년 우즈베키스탄 시각예술 갤러리.

2008년 린츠, 오스트리아.

2008년 "나브키론 우즈베키스톤" 타시켄트.

4) http://donart.ingo/ru/Evgen-pak; http.//www.neizvestniy-geniy.ru/
users/27553.html

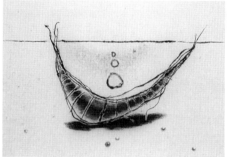

유충

과일이 있는 정물화

◎ 주가이 라리사(Тюгай Лариса)[5]

1974년 3월 21일 알말리크시에서 출생하였다. P.P. 베니코프 기림 미술학교를 패널페인팅 전공으로 졸업하였다(1989∼1994년). 2003년부터 2015년까지 알마티에서 일하였다. 프로필: 프레스코, 카피, 초상화, 데코레이션, 실내 디자인, 타투. 2015년부터 타시켄트와 알말리크의 미용실에서 일하고 있다.

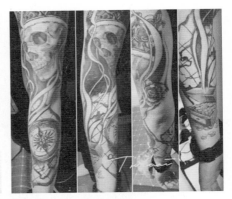

---

5) 이력서

제6장
무대예술 분야의 고려인들

1. 역사적 배경

    소비에트 시대에 고려인들은 다른 종류의 예술 활동에 비교하여 무대예술에서의 활동가가 상대적으로 적었다. 발레리노 V. 예가이가 있었고, "우즈베크국립필하모니" 내의 전문연주단으로 앙상블 "청중"이 있었다. 오페라, 극장, 영화에 고려인들이 없었다. 근본적으로 (몇 사람을 제외하고는) 고려인의 무대예술은 "고려인" 콜호즈를 기반으로 해서 아마추어적인 것으로 발전하였다.

    소련의 붕괴 후, 무대예술의 여러 형태에서 고려인의 참석 형식은 보다 다양해졌다. 예술단의 연주자와 지휘자들은 이미 전문적 소양과 외국에서의 견습 경험을 갖추고 있으며, 외국에서 열리는 콩쿠르에 참가하고 전문 기관에서 일하고 있다.

    젊은 연주자들의 연주 목록 대부분은 한국 예술에 머물러있다. 하지만 소비에트 시대에 그것이 북한 예술이었다면, 오늘날은 그것이 남한

예술이다. 아시아의 다른 많은 나라들처럼, K-POP은 모방을 위한 견본이 되어 지역 연주자들에게 자신만의 창작적 특성을 빼앗고 있다.

2. 인물들

◎ 김 아르툠(Ким Артем)[1]

　1976년 베카바드에서 출생하였다. 우즈베키스탄 국립 콘세르바토리야를 "작곡" 전공으로 졸업하였다.

---

1) http://omnibus-ensemble.asia/index.php?Itemid=289&id=87&option=com
　_content&view=article
http://ilkhom.com

1999년부터 세계적으로 유명한 극장 마르크 바일 "일홈"의 음악감독.

2004년 앙상블 "Omnibus"의 조직자 겸 예술감독.

아르툠 김의 작품을 연주한 앙상블:

Antidogma Ensemble(이탈리아), Barbican trio(영국), Nieuw Ensemble, Altas Ensemble,  Nederlands vocaal Laboratorium и Arnold Marinissen(네덜란드), ACM(러시아).

아르툠 김의 작품들은 Nicholas Isherwood(프랑스), Yuan sha(중국) 등과 같은 유명 솔리스트들의 연주목록에 들어가 있다.

참가한 프로젝트:

- 제5회 현대 고전음악 다름슈타트 국제 여름학교 (독일, 2010년).

- Prince Claus Fund 상 수여식, 암스테르담 (네덜란드, 2009년).

- Omnibus Laboratorium I~VI. (우즈베키스탄, 2005~2010년).

참가한 국제 페스티발:

- Huddersfield Contemporary Music Festival (영국, 2010년)

- Atlas Academy (네덜란드, 2010년)

- Call the young ensembles (독일, 2010년)

- Black Box I-V (우즈베키스탄, 2006~10년)

- 나우루즈-XXI (카자흐스탄, 2008년)

- 일홈-XX (우즈베키스탄, 1999~2005년)

- Gaudeamus Music Week (네덜란드)

- International Jew's Harp Festival (네덜란드)

- Kameroperafestival (네덜란드)
- Voix Nouvelles (프랑스)
- 38eme Rugissants (프랑스)
- Antidogma Festival (이탈리아)
- Mozart Festival (오스트리아)
- Ruhr Theater Festival (독일)
- Asia Pacific Festival (뉴질랜드)
- 친구들의 음악 (러시아) 등.

◎ 리 알렉산드라 마르코브나(Ли Александра Марковна)

1994년 8월 25일 타시켄트시에서 출생하였다. 4세부터 9세까지 "알리딘" 스튜디오의 어린이 에스트라다에서 활동하였다.

2007년 제3 예술학교 포르테피아노반을 졸업하였다. 6세부터 12세까지 우즈베크 텔레비전 어린이 방송 "도미솔 쇼", "재능 있는 아이들", "레고 랜드"를 진행하였다.

우스펜스키 기림 공화국예술음악학교에서 공부하였다(2009~2012년, 타시켄트). 이어 리세바대학 오디오비디오 미디어예술학부(2013년, 리가), 대경대학교 공연예술학부(2014~2018년, 한국)에서 공부하였다. 현재 한국예술종합학교 석사과정에서 공부하고 있다.

5세부터 국내 및 국외에서 열리는 많은 콩쿠르에 참가하였다:

1999년 어린이 노래 공화국 콩쿠르 "율두즈차"(2등 및 "미스 매력

녀"에 지명)

2000년 공화국 콩쿠르 "율두즈차 21세기"(3등)

2002년 한국노래 콩쿠르 "내 마음에 별"(3등)

2002년 공화국 콩쿠르 "별비"(그랑프리)

2002년 국제 콩쿠르 "중앙아시아의 미니-미스", 키르기즈스탄(1등)

2002년 전러시아 콩쿠르 "별의 물결"(1등상 수상자), 러시아 겔렌
드지크

2003년 페스티발 "우즈베키스탄 – 우리 모두의 집"(최우수 유년 연
주자), 타시켄트

2004년 고려인의 러시아 이주 140주년 기념 콘서트 참가자, 러시아
모스크바

2004년 텔레비전 뮤직 페스티발 우즈베키스탄 대표 참가자, 한국
대전

2006년 국제 콩쿠르 "황금 꾀꼬리"(1등), 러시아 모스크바

2006년 KBS 한국노래 콩쿠르(1등상 수상자)

2006년 소치 젊은 연주자 페스티발 갈라-콘서트 "5성"에 참가, 유로비전 우승자 루슬라나와 듀엣, 러시아.

2006년 "올해의 별" 예심 우승자, 우즈베키스탄

2008년 외국인을 위한 국제 콩쿠르(2등), 한국 보령

2009년 콩쿠르 "황금 꾀꼬리" 결승에서 그랑프리 획득, 러시아 모스크바

2010년 콩쿠르-마라톤 "재능 있는 아이들"에서 그랑프리 획득, 우즈베키스탄 타시켄트

2010년 SBS TV 인기프로그램 "스타킹"에 2회 출연, 한국

2011년 우즈베키스탄 문화부 사절단원으로 나라를 대표해서 국제 포럼 "New Altay creative Network에 참가, 한국.

2012년 공화국 콩쿠르 중고생 부문 수상자(2등)

2012년 페스티발 "우즈베키스탄 – 우리 모두의 집" 수상자, 타시켄트

2013년 콩쿠르 "리가 심포니" 자작곡(타시켄트의 노래) 예선 1등상 수상자, 리가

2017년 KBS와 "나에스미"(우즈베키스탄)가 공동 제작한 우즈베키스탄 고려인 거주 80주년 기념 필름 "사샤의 아리랑" 여주인공

2018년 밀양 페스티발 뮤지컬 "아리랑 스캔들"의 주연들 중 1인, 한국 가사를 쓰고 작곡을 한다. 영어와 한국어에 능통하다.

유튜브 블로거.

◎ 리 아나스타시야 알렉산드로브나
(Ли Анастасия Александровна)[2]

1997년 8월 6일 출생하였다. 2003년 8월 7일 앙상블 "고려" 산하 고려인 댄스 스튜디오 "진달래"에 갔으며, 그 후 2006년 앙상블 "고려"의 멤버가 되었다.

KORYO

Anastacia Lee

중앙아시아대학 특수교육학부 3학년에 재학 중이다(카자흐스탄 알마티).

현재 앙상블 "고려"의 솔리스트이다.

2) 이력서

◎ 리 나탈리야(Ли Наталья)[3]

　　1992년 5월 24일 타시켄트에서 출생하였다. 2012년 드라마예술극장 마르크 바일 "일홈"의 스튜디오를 수료하였다.

　　2011년부터 극장 "일홈"의 배우이다.

　　현재 극장 반장으로 일하고 있다.

---

3) http://ilkhom.com/li-natalya-2/

◎ 박 루슬란(Пак Руслан)[4]

1981년 출생하였다. 타시켄트국립사범 대학을 졸업하였다.

2006년 서울에 있는 한국예술종합학교 에 입학하였고, 그 해에 그의 단편영화 "사 격 1발"은 베를린에서 열린 제57회 국제영 화제에서 "학생 명인" 부문에 포함되었다. 한국예술종합학교 석사과정을 졸업하였다 (서울).

로카르노 영화제에서 영화 "가나안"에 관해 관객들과 토론하고 있다. 중앙부에 루슬란 박, 스타니슬랍 장, 영화 주인공이 서있다. 2011년.

---

4) https://koryo-saram.ru/tag/ruslan-pak/; https://koryo-saram.ru/hanaan-ruslana-paka/; http://arirang.ru/news/2011/11047.htm

유럽과 미국 및 중국에서 널리 이름을 알린 (우즈베키스탄의 마약 거래에 관한) 영화 "가나안"의 시나리오를 쓰고 영화의 감독을 맡았다. 영화는 제14회 타이베이 영화제(2012년, 타이완)에서 젊은 명인들 중의 최우수 외국 영화로 그랑프리를 수상하였다. 영화 "가나안"은 할리우드와 미국영화예술연구소(АИК)에서 진행되는 영화제 AFI FEST 2011에서 경쟁부문 상영 프로그램에 포함되었다.

2018년 평창 동계올림픽에 즈음하여 특별히 만들어진 (카자흐스탄 출신 고려인 피겨스케이트 선수에 관한) 다큐필름 "데니스 텐"의 저자이며, 필름은 2018년 2월 6일과 12일 KBS-2에서 방영되었다.

◎ 박 유리(Пак Юрий)[5]

1994년 12월 28일 출생하였다. 2014년부터 모델대행사 Esteem Entertainment(한국)에서 일하고 있다. 고려대학교 국제관계대학에 입학하였다.

취미: 사진 찍기, 그림 그리기, 전문 수영선수, 색소폰 연주, 기타 연주, 북 연주.

---

5) https://vk.com/albums-136361783; http://www.yesasia.ru/article/269204

◎ 정 이고리(Тен Игорь)[6]

1997년 타시켄트에서 음악인 가정에서 출생하였다. V.M. 우스펜스키 기림 공화국 예술음악전문학교에서 바이올린 전공으로 공부하였다. 소련 시절에 재즈 음악에 심취하였으며, 정 이고리는 이미 전문학교를 색소폰 반에서 졸업한다. 16세 때에 동급생들로 연주단 "Choyxona Jazz"를 조직한다.

2014년 정 이고리는 모스크바에서 러시아 그네신국립음악대학 색소폰 반에 입학한다. 그네신에 같이 입학한 동료 S. 투르수노프와 G. 티가이와 함께 "Under Infulence"를 조직한다. "Under Infulence"는 모스크바 최고의 여러 재즈 연주장에서 자신의 청중을 모았다. 현재 정 이고리는 4학년을 마치고 "Under

---

6) 인터뷰

Infulence"의 음악 앨범을 발매하고 있으며, 러시아의 유명한 연주자들과 함께 협업을 하면서 그룹 "Telas Boy"의 공식 멤버로도 활동하고 있다.

국제음악페스티발-콩쿠르 "유럽의로의 창" 3위 수상자. 러시아 상트페테르부르크, 2012년

"그네신 재즈" 2위 수상자. 러시아 모스크바, 2013년

"재즈의 세계 2018" 3위 수상자. 러시아 로스토프-나-다누, 2018년

◎ 시디코바-한 나르기자 유누소브나 (Сидыкова-Хан Наргиза Юнусовна)[7]

1984년 11월 12일 타시켄트에서 유명한 고려인 댄서이자 댄스 앙상블 "고려"의 지도자인 한 마르가리타의 딸로 출생하였다. Elite Milan, MD Hamburg, Starz Hong Kong 등과 같은 세계의 유명 대행사에서 모델로 활동하였다.

광고회사에서 "코카콜라", "Schwarz-kopf", "Oriflame" 등을 위한 광고를 촬영하였다.

자신의 모델대행사 "NN-models"와 모델학교 "Nana Han"을 설립하였다. 우즈베키스탄의 유명 패션 포토그래퍼이다.

---

7) 인터뷰

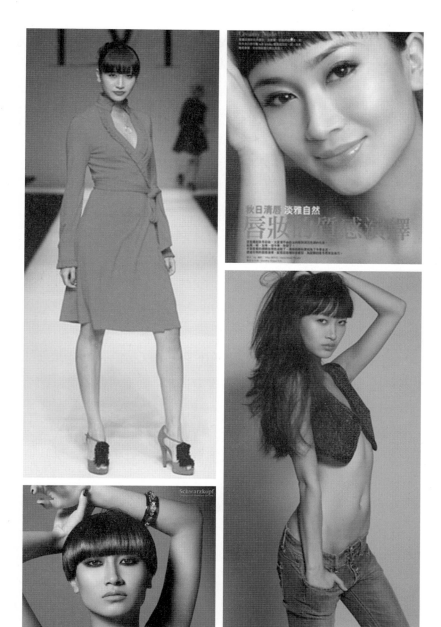

◎ 한 올가 발레리예브나(Хан Ольга Валерьевна)

1988년 9월 13일 타시켄트에서 출생하였다.

어렸을 때부터 그림에 심취하였다. 한국에서 개최된 것들을 포함하여, 국제 어린이 화가 콩쿠르(1999년, 2001년, 2002년, 2003년, 2004년)에 참가하였다. 한 올가의 작품 "솔늬슈코"와 "클라스!"는 2000년 우즈베키스탄의 여러 신문에 게재되었다. 학교 졸업 후에, 베니코프 기림 공화국미술칼리지를 졸업하였다(2003~2006년). 전공은 영화와 텔레비전 화가이다.

미르조 울루그베크 기림 우즈베키스탄민족대학 인문학부를 졸업하였다(2006~2010년).

성균관대학교(2012~2013년)와 대구대학교(2013~2014년)에서 한국어를 공부하였다. 2013년에 NIEED 프로그램에 의한 장학금을 수령하였다.

중앙대학교 공연영상창작학부 영화연출전공 석사과정을 졸업하였다(2014~2017년). 졸업과 함께 중앙대학교 영화 역사와 이론 전공 박사과정에 입학하였다.

문예 창작에 몰두하고 있다. 한 올가의 단편소설은 우즈베키스탄에서 클럽 "아리랑 1937"의 문예집들과 "고려신문"(2011년, 2012년) 및 "아리랑 1937"의 문예작품집에 게재되었다.

2009~2010년 아마추어 장편영화 "사랑, 꿈, 희망?"을 촬영하였다. 그 다음에, 국제적으로 공인된 극장 "일홈"의 배우인 뱌체슬라프주(Вя ческлав Цхю)의 참여 하에 단편영화 "무사태평한 천사"를 촬영한다.

중앙대학교에서 공부하면서 단편영화 "범선의 기적"을 촬영한다 (2014년). 영화는 국제페스티발인 "5대륙 영화페스티발"(이탈리아, 2015년) 및 우즈베키스탄 신진 영화인들의 공화국페스티발 "PROlogue"의 예선라운드를 통과하였다. 2016년에는 이 페스티발에서 영화 "사막의배"로 "최우수 감독" 부문 예선에서 우승하였다.

영화 포스터 "시간의 바람"　영화 포스터 "범선의 기적"　영화 포스터 "사막의 배"

◎ 주 뱌체슬라프(Цзю Вячеслав)[8]

1976년에 출생하였다. 유명한 실험극장 "일훔"의 배우, 연출가.

---

8) 출처: https://koryo-saram.ru/vyacheslavu-tszyu-40-let/

제7장

스포츠 분야의 고려인들

1. 역사적 배경

우리 시대에 스포츠 분야에 종사하는 고려인의 수는, 게다가 스포츠에서 큰 위업을 성취한 고려인의 수는 상당히 줄어들었다. 소비에트 시대와 비교해서 독립 시기에 청년들의 스포츠 활동의 수준은 떨어졌다.

예전에는 모든 학교와 문화원, 유년회관에 다양한 종목의 스포츠클럽이 수적으로 엄청나게 많았다. 스포츠협회들과 교육부는 온갖 다양한 스포츠 경기 등을 주관하였다. 건강한 삶의 모습이 정점에 달하였다. 경제적인, 그리고 그밖에 다른 이유들에 따라 스포츠클럽들이 폐쇄되기 시작하였으며, 경기를 개최하는 데 필요한 자금이 부족하였고, 재능 있는 청년들과 트레이너들은 스포츠에 종사하기에 더 좋은 조건을 갖춘 곳으로, 어디보다도 러시아로 떠나려고 하였다. 청소년들 사이에서 삶의 "아름다운" 모습, 즉 돈, 야간 클럽, 알코올, 마약, 섹스 등이 선호되기 시작하였다.

고려인들에 대해서 말하자면, 예전에 그들이 실질적으로 모든 종목에 선수를 내보냈다면 지금에 우리는 선수들이 "한국적인" 종목의 스포츠, 무엇보다도 태권도에 집중되는 강력한 경향을 목격하고 있다.

2. 인물들

◎ 김 다니일(Ким Даниил)[1]

2003년에 출생하였다. 타시켄트 제166중학교 9-A 클래스에서 공부하였다.

30개의 메달(금 22개, 은 2개, 동 6개) 보유자. 타시켄트 소년부 챔피언(2017년)

푸자이라 오픈 세계태권도선수권대회 챔피언(2017년, 아랍에미리트연방)

국제 오픈 태권도선수권대회 챔피언(2017년, 카자흐스탄)

아시아 태권도선수권대회 동메달(2017년, 베트남)

우즈베키스탄 태권도선수권대회 동메달(2018년)

현 우즈베키스탄 태권도 국가대표

◎ 김 유리 블라디미로비치(Ким Юрий Владимирович)

2003년 2월 9일 타시켄트시에서 출생하였다. 2015년부터 태권도를 수련하고 있다(국제태권도연맹, ITF).

---

1) 고려신문, 1918년 12월 29일자

성과:

- 우즈베키스탄배 대회, 겨루기 3위(카르쉬, 2016년)
- 세계태권도연맹(WTTF) 국제 오픈대회, 겨루기 3위(카자흐스탄 아스타나, 2016년)
- 카자흐스탄 오픈토너먼트, 겨루기 2위(알마티, 2017년)
- 독립배 대회, 품새 1위(알마티, 2017년)
- 월드컵 대회, 겨루기 2위(벨라루스 민스크, 2017년)
- 우즈베키스탄배 대회, 겨루기 1위(사마르칸트, 2016년)
- 쉐브케트 바니예프(Шевкет Ваниев) 추모대회, 품새 1위(타시켄트, 2017년)
- 타시켄트 오픈선수권대회, 겨루기 1위(2018년)
- 독립배 대회, 겨루기 1위(안디잔, 2017년)
- 타시켄트시 미라바드지구 제1 유소년체육학교 오픈선수권, 2위(2018년)

- 월드컵 대회, 겨루기 1위(벨라루스 민스크, 2018년)
- 월드컵, 청년부 품새 3위(벨라루스 민스크, 2018년)
- 2018년 최우수 선수, "Pride"팀.

◎ 리 드미트리 로마노비치(Ли Дмитрий Романович)[2]

고등교육을 받았다. 인민교육시스템의 보장 분야에서 일을 시작하였으며, 그 후 기계제작과 야금 분야에서 다양한 지도적 직위를 갖고 일하였다.

우즈베키스탄공화국 대통령 직속 프로젝트관리국장.

2018년 6월부터 - 우즈베키스탄 체스협회 회장.

리 드미트리 로마노비치와 국제체스협회 회장 키르산 일륨지노프

---

2) 출처: https://uzreport.news/sports/dmitriy-li-izbran-predsedatelem-federatsii-shahmat-uzbekistana

◎ 박 발레리 빅토로비치(Пак Валерий Викторович)[3]

우즈베키스탄 전통태권도연맹 사무총장

1963년 11월 3일 타시켄트 칼리닌지구에서 출생하였다. 공학 박사.

1978년 동양 격투기를 수련하기 시작하였다. 1990년 거의 최초로 태권도 검은 띠 1단을 받았고, 우즈베키스탄에서 거의 최초로 태권도(국제태권도연맹, ITF)를 보급하기 시작하였다.

2010년 우즈베키스탄 전통태권도연맹 사무총장이 되었다. 세계선수권대회, 아시아선수권대회, 월드컵대회 및 다른 국제경기에 국가대표선수를 선발하여 참가하였다. 자신의 활동 기간에 150명 이상의 선수들에게 유단자 단증을 수여하였다.

우즈베키스탄 전통태권도연맹 사무총장.

사범, 태권도(국제태권도연맹, ITF) 7단. 국제 감독관, 국제대회의 심판.

---

3) 이력서

◎ 허가이 알렉산드르 알렉산드로비치
　(Хегай Александр Александрович)[4]

　1996년 6월 24일 타시켄트주 앙그렌에서 출생하였다. 2014년 컴퓨터기술칼리지를 우수한 성적으로 졸업하였다. 2016년 우즈베키스탄국립체육대학에 입학하였다. 현재 동 대학 3학년생이다.

　어린 시절부터 시작하여 태권도(국제태권도연맹, ITF)와 합기도(대한합기도협회, KHF)를 수련하고 있다. 태권도(ITF)와 합기도(KHF) 각 4단 보유자이다.

- 2010년 세계 챔피언(한국 전주)
- 3회 아시아 챔피언
- 수회 태권도(ITF) 우즈베키스탄공화국 챔피언 및 우즈베키스탄배 선수권자
- 수회 합기도(KHF) 우즈베키스탄공화국 챔피언 및 우즈베키스탄배 선수권자

---

4) 이력서

◎ 허가이 알렉산드르 미하일로비치
(Хегай Александр Михайлович)[5]

우즈베키스탄 전통태권도연맹 수석 트레이너

1965년 10월 2일 카라칼파크스탄자치공화국 누쿠스에서 출생하였다. 1990년 타시켄트국립의학연구소에서 "일반 의학"을 공부하고 졸업하였다. 1990년부터 현재까지 앙그렌시 시립중앙병원에서 의사-심장의로 일하고 있다. 전문의 자격을 갖고 있다.

어렸을 때부터 적극적으로 스포츠 활동을 하였다. 학교에 다닐 때 권투를 하였다. 지구, 주, 그리고 공화국 수준의 권투 경기에서 우승하기도 하였다. 이후 가라데에 심취하였으며, 이를 10년 이상 수련하였다. 그 다음에 태권도(국제태권도연맹, ITF)로 넘어가서 공인 7단의 사범이 되었다.

이어 합기도(대한합기도협회, KHF)에 몰두하여 사범 수준의 실력에 도달하였다.

많은 제자들을 양성하였으며, 그들 중 태권도(국제태권도연맹) 세계챔피언 4명, 유럽컵 우승자 4명, 아시아챔피언 12명이 있다. 100명 이상의 태권도(국제태권도연맹) 유단자와 30명의 합기도 유단자를 육성하였다.

---

5) 이력서

◎ 허가이 갈리나 알렉산드로브나
(Хегай Галина Александровна)[6]

1995년 3월 12일 타쉬켄트주 앙그렌에서 출생하였다. 2014년 컴퓨터기술칼리지를 우수한 성적으로 졸업하였다. 2018년 타시켄트국립동방학대학을 우수한 성적으로 졸업하였다("한국 철학" 전공). 현재 동 대학 석사과정 중에 있다.

어렸을 때부터 태권도(국제태권도연맹, ITF)와 합기도(대한합기도협회, KHF)를 수련하고 있다. 태권도(ITF)와 합기도(KHF) 각 4단 보유자이다.

- 2010년 완전한 세계 챔피언(겨루기 세계 챔피언 및 품새 세계 챔피언), 한국 전주.
- 5회 아시아 챔피언

---

6) 이력서

- 수회 태권도(ITF) 우즈베키스탄공화국 챔피언 및 우즈베키스탄배 선수권자
- 수회 합기도(KHF) 우즈베키스탄공화국 챔피언 및 우즈베키스탄배 선수권자

◎ 허가이 율리야 알렉산드로브나 (Хегай Юлия Александровна)[7]

2004년 9월 11일 타시켄트시에서 출생하였다. 제257 학교 8학년생. 어렸을 때부터 체스를 하였다. 우즈베키스탄 체스 청소년 국가대표.

우즈베키스탄 선수권 대회:

2011년 - 우즈베키스탄 선수권 대회 (8세까지 소녀부 - 2위)

2012년 - 우즈베키스탄 선수권 대회 (10세까지 소녀부 - 1위)

2013년 - 우즈베키스탄 선수권 대회 (10세까지 소녀부 - 2위)

2014년 - 우즈베키스탄 선수권 대회 (10세까지 소녀부 - 1위)

2015년 - 우즈베키스탄 선수권 대회 (12세까지 소녀부 - 1위)

2016년 - 우즈베키스탄 선수권 대회 (12세까지 소녀부 – 1위)

2016년 – 스포츠 명인 후보 칭호

2017년 - 우즈베키스탄 선수권 대회 (13세까지: 스탠다드 – 1위, 라피드 - 1위)

2017년 - 우즈베키스탄 선수권 대회 (14세까지 - 1위)

---

7) 이력서

우즈베키스탄 선수권 대회(12세까지) 참가 모습

2018년 - 우즈베키스탄 선수권 대회 (14세까지: 스탠다드 – 1위, 블리츠 - 1위)

국제 대회:

(슬로베니아, 아랍에미리트연방, 그리스, 그루지야, 러시아, 한국, 우즈베키스탄, 중국, 타일랜드, 말레이지야)

2012년 - 세계선수권 대회, 슬로베니아 (8세까지 유년부 - 6위)

2016년 - 말레이지야 클래식 페스티발 (12세까지 소녀부: 라피드 - 1위)

2017년 - 아시아선수권 대회, 중국 (13세까지 학생부: 스탠다드 – 2위, 라피드 – 3위, 블리츠 - 2위)

2017년 – 국제 여성 명인 후보(WCM) 칭호

2017년 – 미하일 보트빈니크 배(杯), 러시아 (14세까지 - 3위)

2018년 – 아시아선수권 대회, 타일랜드 (14세까지: 블리츠 - 5위)

2018년 – 서아시아선수권 대회, 우즈베키스탄 (14세까지: 스탠다드 – 3위, 라피드- 3위, 블리츠 – 3위)

제8장

고려인 운동의 리더와 활동가들

1. 인물들

◎ 강 뱌체슬라프 유리예비치(Кан Вячеслав Юрьевич)

1976년 9월 2일 출생하였다.

1998년 타시켄트국립대학교 러시아어문학부를 (우수한 성적으로) 졸업하였다. 1998~2005년 학교에서 영어 교사로 일하였다. 2004년 웹사이트 게시판 www.torg.uz를 개설한다. 2005년과 2007년, 그리고 2009년에 www.torg.uz는 우즈베키스탄 국내 도메인 인터넷 페스티발에서 "인터넷 서비스 분야 최고의 웹사이트" 분야에서 1위를 차지하였다. 지금

www.torg.uz는 전자상거래 분야에서 세계적 선도업체라고 할 수 있는 국제적 기업 나스퍼스의 관리 하에 olx.ux라는 이름으로 영업을 하고 있다.

2017년 직업 선택과 발전을 돕는 센터 "My Way Proforientation"를 개설하였는데, 이것은 모스크바국립대학교(러시아)의 테스트·개발센터 "인도주의 기술"의 지역 대표부이다.

기혼, 자녀 3명.

2015년에 고려인 기업가들의 클럽 "고려인"을 창설하였다. "고려인"은 고려인문화센터협회에 속해 있다. 또한 그는 약카사라이 고려인문화센터의 의장이다.

◎ 김 비탈리 겐나디예비치(Ким Виталий Геннадьевич)[1]

1981년 사마르칸트에서 출생하였다. 베루니 기림 타시켄트국립기술대학교에서 "공업과 혁신 경영" 전공으로 학사(2002년)와 석사(2004년)를 졸업하였다. "우즈베크게오피지카"[=우즈베크지구물리학], "우즈베크네프쩨가즈"[=우즈베크석유가스], "우즈키묘사노아트", "미래발전전략본부" 등에서 일하였다.

"Geo Dynamical System Ltd"의 사장.

우즈베키스탄 인민민주당 당원. 인민민주당 키브라이지구의 초급당조직 위원장.

---

1) 직장에서 받은 조회서

우즈베키스탄공화국 인민대의원회의 타시켄트주 키브라이지구 대
의원(2018년부터).

고려인 운동의 열성 활동가이다. 타시켄트시 유누사바드지구 고려
인문화센터 의장으로 일하였다. 2018년부터 타시켄트주 고려인문화센
터협회 의장이다.

"우즈베키스탄공화국 헌법 25주년" 메달을 수상하였다.

기혼, 자녀 4명.

◎ 리 이고리 겐나디예비치(Ли Игорь Геннадьевич)[2]

1982년 1월 30일 앙그렌에서 출생하였
다. 타시켄트국립기술대학교에서 "기술시스
템 관리" 전공으로 학사(2003년)와 석사
(2005년)를 마쳤다.

2005~2008년 "QUVVAT Ltd"에서 엔
지니어-프로그래머로 일하였다.

2008년부터 "VADES GROUP Ltd"의
사장.

우즈베키스탄 자유민주당 당원.

고려인 운동에서의 활동:

2016~2018년 우즈베키스탄의 고려인 기업가 클럽 "고려인"의 일
　　　　　　　반문제위원회 의장

2016~2018년 타쉬켄트시 미르조-울루베크지구 고려인문화센터
　　　　　　　부의장

---

2) 조회서

청년센터

2018년~현재 클럽 "고려인"의 부(副)조정관

2018년~현재 타쉬켄트시 야쉬노바드지구 고려인문화센터 부의장

2018년~현재 우즈베키스탄 고려인문화센터협회 산하 청년센터 의장

기혼, 자녀 3명.

◎ 노가이 알렉산드르 아나톨리예비치 (Ногай Александр Анатольевич)[3]

1973년 9월 17일 타시켄트주 양기율시에서 출생하였다. 타시켄트국립대학교 기계수학학부를 졸업하였다(1990~1995년).

1999년 러시아 블라디보스토크로 이주해 연해주종합기술학교 건설학부를 졸업하였다(2003~2004년).

우즈베키스탄과 한국에서 산업등반가

---

3) https://koryo-saram.ru/aleksandr-nogaj-prezident-assotsiatsii-koryo-saram-v-respublike-koreya/

[=로프 액세스 기술자]로 일하였다.

2006년부터 한국에서 거주하고 있다. 2012년 한국에서 고층건물 외벽 수리 공사를 담당하는 업체 NSC를 설립하였다.

2018년 12월 12일 대한민국 국회 건물에서 진행된 "대한고려인협회" 창립대회에서 회장으로 선출되었다. 기혼, 외동딸.

◎ 주 콘스탄틴 겐나디예비치(Тю Константин Геннадьевич)[4]

1978년 4월 1일 사마르칸트에서 출생하였다. 타시켄트국립경제대학을 졸업하였다 (2000년).

1996~2005년 타시켄트 소재 농공업 학술-생산조합 상업부 매니저.

2005~2009년 주식회사 "ART OF KOUNSTRAKTION" 상업 담당 사장.

2009~2009년 주식회사 "ART PROFIT" 상업 담당 사장.

2004~2010년 주 콘스탄틴 겐나디예비치 개인회사 운영.

2009~2012년 주식회사 "PERISHKO GOLD" 창업자.

2015~2018년 주식회사 "Profit Sales Distribution" 창업자.

2018~현재 주식회사 "KRISMARK GROUP" 창업자.

국가 상훈: 우즈베키스탄공화국 25주년 기념 메달.

고려인 운동 활동가:

2013년~현재 우즈베키스탄 고려인문화센터협회(АККЦ Уз) 간부

---

4) 이력서

회 위원

2015~2016년 우즈베키스탄 고려인문화센터협회 TOO 의장

2015~2016년 우즈베키스탄 고려인문화센터협회 이사

2015년~현재 한국통일위원회 위원

2015년~현재 "우즈베키스탄-한국" 친선협회 회원

2016~2018년 우즈베키스탄 고려인문화센터협회 경제위원회 부의장

2017~2018년 독립국가연합 고려인비즈니스클럽 통합 추진위원장

결론

    새 대통령 샤브카트 미로모노비치 미르지요예프가 취임하면서 우즈
베키스탄은 국제사회에서 새로운 면모를 얻고 새로운 위치를 점하기
위해 노력하고 있다. 민주화와 자유화 과정이 급속히 진행되고 있다.
고려인을 포함하는 다양한 인종 집단들에게 새로운 가능성이 열렸다.
고려인들은 다시금 최고 대의기구에 선출되고 있으며, 고위직을 맡기

시작하였다. 한국 정부와 우즈베키스탄 정부의 참여 아래 타시켄트에 한국문화예술회관이 건설되었다. 세계에서 유례가 없는 일이다. 세계의 그 어떤 디아스포라도 그런 회관을 갖고 있지 못하다.

　하지만 지난 시기에 적지 않은 수의 고려인들이 우즈베키스탄을 떠나 다른 나라로 갔으며, 거기에 한국도 포함되어 있다. 한국에 (수만 명에 달하는) 거대한 고려사람 공동체가 형성되었으며, 그들 중 다수는 우즈베키스탄에서 온 사람들이다. 2018년 12월 12일 대한고려인협회가 창립되어 등록되었다. 우즈베키스탄 출신자인 노가이 알렉산드르 아나톨리예비치가 협회를 지도한다. 우즈베키스탄 고려인들의 새로운 역사의 장이 시작되고 있다.